고가요(古歌謠)의 주석적 연구 II

강헌규

고가요(古歌謠)의 주석적 연구 II

강 헌 규

한국문화사

고가요의 주석적 연구 II

인쇄 2010년 3월 15일
발행 2010년 3월 20일

지은이 강 헌 규
펴낸이 김 진 수
꾸민이 문 소 진
펴낸곳 **한국문화사**
주소 133-110 서울특별시 성동구 구의로 3 두앤캔 502호
전화 (02)464-7708 / 3409-4488
팩시밀리 (02)499-0846
등록번호 제2-1276호
등록일 1991년 11월 9일
홈페이지 www.hankookmunhwasa.co.kr
이메일 hkm77@korea.com
가격 13,000원

잘못된 책은 바꾸어 드립니다.
이 책의 내용은 저작권법에 따라 보호받고 있습니다.

ISBN 978-89-5726-759-2 94710
     978-89-5726-758-5(세트)

이 도서의 국립중앙도서관 출판시도서목록(CIP)은 e-CIP 홈페이지
(http://www.nl.go.kr/cip.php)에서 이용하실 수 있습니다.
(CIP제어번호: CIP2010000921)

서문

　본서는 이미 출간된 ≪고가요의 주석적 연구≫(한국문화사, 2004)의 후속편이다. 그리하여 책 이름을 ≪고가요(古歌謠)의 주석적 연구 Ⅱ≫라 하였다. 모두 6 편의 논문을 실었다. 이들 중 4 편은 '고려가요'에 관한 것이고, 1 편은 '향가'에 관한 것이다. 또 1 편은 '고려가요'에 관해 논하면서 '구지가(龜旨歌)'에 관한 것이다. 그리하여 ≪고가요의 주석적 연구 Ⅱ≫라 하고, 후속편이라 하여 'Ⅱ'라 하였다. 이미 학술지에 발표된 것도 있고, 미발표의 것도 있다.
　굳이 단행본으로 묶은 사연은 몇 가지가 있다. 첫째 관심 있는 분들이 찾아보기 쉽지 않은 학술지에 발표된 것들이 있다. 둘째 이제 필자로서도 또 하나의 매듭을 짓고 싶은 생각도 작용했다. 셋째 발표 지면의 한계성이나, 신설(新說)에 대한 용납의 어려움에 대한 속 좁은 오기(傲氣)가 작용했음도 고백하지 않을 수 없다. 내로라 하는 학회지가 우수한 논문을 싣기 위한 심사 과정이, 엉뚱하게도 유유상종(類類相從)의 비호(庇護)와 묵수(墨守), 배타로 흐름에 대한 항의도 들어 있음을 밝힌다. 외람되게도 그리고 혹시라도 뒤에 오는 눈 밝은 이들의 눈에 띄기를 삼가 바라 마지않는다. 그리하여 뒤늦게라도 '변방에서 헛고생만 한 것은 아니었다.'라는 말을 삼가 듣고 싶다.
　부족한 논문을 실어주신 훌륭한 학술지에 대한 조그마한 예의를 생각하여서라도, 편집 체제를 가능한 대로 유지하려 하였다. 그러나 필자의 생각이 바뀐 논문의 내용은 망설임 없이 수정하였다. 표기 체계는 학술지를 낸 학회의 관행을 따르지 않고, 현행의 '한글 맞춤법'을 따르려고 노력하였다.

'경제(經濟)'는 '경세제민(經世濟民)'으로 돌아가야 할 것이다. 그러나 오늘날은 '경제'가 곧 '돈'으로 통하는 세상이다. 영리를 계산하지 않고 부족한 원고를 이렇게 어엿한 책으로 만들어 주신 한국문화사 사장님과 편집진 여러 분께 진심으로 감사의 말씀을 드린다.

2010. 3.
저자 강 헌 규 씀

고가요(古歌謠)의 주석적 연구 (II)

① 2008. 여름호. 신라『처용가』의 새로운 고찰, 한글 280호 2008 여름 한글학회. pp.5~55.
② 2005. 8. 고려가요 「이상곡」(履霜曲) 신고(新考), 성균관대학교 인문과학연구소 「인문과학」 제36집. pp.25~53.
③ 2006. 2. 고려가요 <滿殿春 別詞>의 '滿殿春'의 의미에 대하여, 國語史와 漢字音, 도서출판 박이정. pp.217~238.
④ 2007. 3. 청산별곡 제8연에 나온 '가다니'의 의미 고찰, 우금티문학 32, 공주대학교 사범대학 국어교육과. pp.16~21.
⑤ 2008. 창간호. 고가요(古歌謠)에 보이는 몇 단어의 의미 고찰, 충남한글. 한글학회 충남지회. pp.7~28.
⑥ 2009. 처용가의 '머자 외야자 綠李야……내 신고홀 미야라'의 의미.

서문 5

신라「처용가」의 새로운 고찰   11
  1. 서론   12
  2. 본론   14
  3. 결론   59

고려가요〈이상곡〉(履霜曲) 新考   63
  一. 서론   63
  二. 필자의 견해   68

고려가요〈滿殿春 別詞〉의 '滿殿春'의 의미에 대하여   93
  一. 서론   94
  二. 만전춘(滿殿春)의 의미에 대한 제가의 설   94
  三. 필자의 생각   98
  四. 결론   109

청산별곡 제8연에 나온 '가다니'의 의미 고찰   113

고가요(古歌謠)에 보이는 몇 단어의 의미 고찰   121
A Study on the Meaning of Some Words Appeared in the Old Korean Songs
− 뒤늦게 주운 이삭들의 모음 −

1. 들어가는 말   122
2. '구지가(龜旨歌)'의 '수기(首其)'를 '동자(童子)'를 뜻하는
   '바기'의 향찰식 표기로 해석한 데 대하여   122
3. '사모곡'의 '호미'·'늘ㅎ'·'낟'의 의미에 대하여   125
4. 고려가요 '가시리'의 '선ㅎ면 아니올셰라'의 '선ㅎ면'에 대하여   128
5. 청산별곡에 대하여   131
6. 끝막는 말   140

처용가의 '머자 외야자 綠李야……내 신고홀 미야라'의 의미   145
On the Meaning of the 'Meoja Oyaja Rokni(綠李)ya' Appeared in the Cheoyong Song of the Koryo Kingdom Period

1. 여는 말   148
2. '머자 외야자 綠李야'의 의미에 대하여   148
3. 끝막는 말   185

찾아보기 191

신라 「처용가」의 새로운 고찰

```
1. 서론
2. 본론
   2.1. '明期' : '붉긔 > 불긔'
   2.2. '月良' : '돌아 > 드라'
   2.3. '夜入伊' : '새들이'
   2.4. '遊行如可' : '놀녈다가'
   2.5. '入良 沙¹⁾' : '들아 내 > 드라 내'
   2.6. '見昆' → '見尼' : '살니'
   2.7. '脚烏伊' : '허튀'
   2.8. '四是良羅'의 '良羅' : '아라'
   2.9. '誰支'의 '支' : '기'
   2.10. '吾下', '誰支下'의 '下' : '알'
   2.11. '本矣' : '믿드리'
   2.12. '馬於隱' : '몰언 > 무런'
   2.13. '奪-叱-良-乙' : '앗-ㅅ-아-ㄹ > 아살'
3. 결론
```

〈벼리〉

필자는 신라 「처용가」를 해독하면서 고려 「처용가」를 참고하였다. 그것은 부분적으로 변형되기는 하였지만, 신라 「처용가」가 그 원형을 고려 「처용가」에 전하고 있다고 생각되었기 때문이다. 이 연구의 과정에서 필자는 국어사

---

1) '入良 沙'를 띄어 쓴 이유는 뒤에 설명하는 바와 같이, 필자는 '沙'를 훈독자로 읽어야 한다고 보기 때문이다.

및 고전 문법의 과학적 연구 결과를 원용하였다. 이 같은 연구의 결과로써 필자는 신라 「처용가」를 아래와 같이 해독하였다.

(향찰 표기 향가)　　(해독 향가: 어절로 끊어 읽기)　　(통석)
東京-明期月良　　　東京-볼긔-ᄃ라　　　東京 밝은 달에
夜入伊-遊行如可　　새들이-놀널다가　　　(밤)새도록 노니다가
入良-沙-寢矣-見尼　ᄃ라-내-자리-살니　　(방에) 들어 나의 자리(를) 보니
脚烏伊-四是良羅　　허튀-너히아라　　　　장딴지(가) 넷이어라
二肹隱-吾-下於叱古　두흘은-나-알엇고　　　둘은 나의 장딴지였고
二肹隱-誰支-下焉古　두흘은-누기-알언고　　둘은 누구의 장딴지인고
本矣-吾-下是如 馬於隱 믿드릐-나-알이다-ᄆ런　본래 나의 장딴지다만
奪叱良乙-何如-爲理古 아살-엇다-ᄒ리고　　앗음을 어찌 하리꼬?

이 고찰의 과정에서 다음의 구들은 통설과 달리 해독되었다.
1. 夜入伊 : 새들이　　　3. 下於叱古, 下焉古, 下是如'의 '下' : 알
2. 入良 沙 : ᄃ라 내　　4. 本矣 : 믿드릐
다른 부분들은 신라어를 추적하려고 노력하였다. 그러나 그 의미는 '入良-沙-(ᄃ라-내)'와 '下(알 : 장딴지)'를 제외하고는 통설과 크게 다르지는 아니하였다.

1. 서론

이 글은 신라 「처용가」에 대한 필자의 평소 소견을 밝힘을 목적으로 한다. 결코 신설·이설을 내세움으로써 세인의 이목을 혼란스럽게 하려 함이 아니다. 이 글에서 혹시 일말의 타당함이 발견된다면 이는 이제까지 선학들의 연구 성과에 기초한 것이지, 필자의 공이 아님을 잘 알고 있다.

이 글에서 필자가 시도하는 바는 향가나 고려가요의 연구에 이제까

지 쌓아 온 국어학적, 과학적 지식을 외면하지 말아야 한다는 점이다. 문학 연구가들은 국어학적 연구 업적의 기초 위에 고가요의 텍스트를 해석하여, 그 위에 문학적 비평과 감상을 가하여야 할 것이다. 객관 타당한 텍스트의 해석에 기초하지 않은 현란한 문학적 감상과 비평은 사상누각에 불과하기 때문이다. 고려가요의 국어학적 주석서2)를 낸 필자로서는 이를 절감하고 있다. 고가요의 온당한 원전 비평을 결여한 채, 서구의 문학 이론까지 동원한 고가요의 감상과 비평은 헛수고에 지나지 않음을 유의해야 할 것이다.

우리는 우리 고전문학의 감상과 비평에 서구의 이론을 들이대는 노력의 반만이라도 국어학자들의 연구 결과에 주목해야 할 것이다. 물론 국어학자들도 문학 연구 학자들의 문학적 연구 결과를 경청해야 할 것이다. 이렇게 함으로써, 고가요의 올바른 해석과 그 위에 기초한 올바른 감상 비평이 가능해질 것이다.

신라 「처용가」는 고려 「처용가」의 기초 위에 비교적 쉽게 그 모습을 드러냈다. 즉 고려 「처용가」의 기초 위에 신라 「처용가」 연구의 기초가 놓였음은 역사적 사실이다. 그리하여 여타 향가 연구의 방법이 모색된 것도 역사적 사실이다. 그러나 신라 「처용가」의 연구를 위해 고려 「처용가」에 기대는 데에는 유의할 점들이 있다. 신라 「처용가」의 모습을 전하는 고려 「처용가」는 조선조에 와서야 훈민정음으로 정착되었다. 고려가요 「처용가」는 신라, 고려, 조선의 세 왕조의 교체를 겪었다. 두 「처용가」의 연구는 이 시간적 거리를 고려해야 할 것이다.

신라 「처용가」의 형성 연대는 『삼국유사』에 의하면 헌강왕(재위 875~886) 때라고 한다. 이는 9세기 말이다. 고려 「처용가」의 형성 연대는 양주동에 의하면 고려 고종(재위 1214~1259) 때라고 한다. 13세기 중엽

---

2) 강헌규(2004), 『고가요의 주석적 연구』, 한국문화사.

이다. 4세기 가까운 세월이 흘렀다. 이 사이에 신라 「처용가」의 본래 모습은, 고려 「처용가」와 음운·문법·어휘·의미의 면에서 많은 차이가 있을 것이다. 다시 조선조에 와서 『악학궤범』에 문자로 정착되는 시기는 성종 24년(1493)이니 15세기 말이다. 2세기가 넘게 흘렀다. 또 변화가 있었을 것이다.3)

 이상으로써 고려 「처용가」는 음운·문법·어휘·의미의 면에서, 신라 「처용가」의 원형이 유지된 것들도 있고 변형된 것들도 있을 것임이 확실해졌다. 필자가 이 글에서 다루고자 하는 바는 「처용가」의 전부가 아니다. 선학들의 해독 결과에 대하여 필자가 달리 생각하여 오던 부분이나, 해독에 여러 설이 분분한 부분에 국한하려 한다. 이 부분에 국한하여 필자의 우견을 밝히고, 동학 제현의 질정을 받고자 함이 이 글에서 필자가 뜻하는 바이다.

2. 본론

2.1. '明期' : '붉긔 > 불긔'4)

이에 대한 선학들의 해독은 다음과 같다.

---

3) 『악장가사』의 편찬을 중종(재위 1506~1544) 때로 보면 『악학궤범』과 반세기, 명종(재위 1546~1567) 때로 보면 70년쯤의 시차가 있다. 이 짧은 기간에도 동일 「처용가」의 표기에 차이가 보임을 유의해야 할 것이다. 600년 이상의 세월을 거쳤다면 그 변화가 더욱 크고 많았을 것이다.
4) '불긔'는 '어절로 끊어 읽기'를 보인 것이다. 이하 같다. 이는 '축자 해독'(逐字解讀)의 결과다. '붉긔'를 형태소로 분석하면 '붉-(明) +ㄱ+-ㅣ(의) (명사 형성 접미사)'일 것이다. 'ㄱ'는 '붉-(明)'의 말자음(末子音)으로 보인다.

①붉은(소창), ②불은(이탁), ③불ㄱ(정열모), ④빨간(김선기), ⑤불긔 (양주동, 서재극), ⑥불기(홍기문, 지헌영, 김준영, 김완진).5)

①~④의 설은 '明期'의 '-期'에 말자음(末子音) 'ㄴ[n]'이 있을 수 없음으로 보아 승복하기 어렵다. 문제는 '⑤불긔'와 '⑥불기'다. 『동국정운』에 '期'의 음이 '긔'로 되어 있다. 그러나, '期'는 중고음(中古音)의 'ki(기)'로 보는 이도 있다. 「처용가」가 신라 후기 한자음으로 표기된 것으로 볼 수 있기 때문이다.6) 그러나 『동국정운』의 '期(긔)'를 존중해야 한다고 본다. 이기문도 '불긔'를 시인하는 것으로 보인다.7)

'期(긔)'를 쓴 것은 이것이 후설모음어로서 그 모음이 *ï를 표기하려 한 듯이 생각되기도 한다. 고대국어에 *ï가 존재했다는 가설에 대해서는 더욱 면밀한 연구가 있어야 할 것이다.

이 '불긔'는 뒤에 오는 명사 '月'(둘)로 보아 형용사 '明(붉-)'의 명사형 혹은 관형사형이 와야 한다.8) 부사가 올 수는 없다. 중세국어에서

---

5) 제가의 해독 결과의 대비는 유창균(1996), 『향가비해』(형설출판사)의 대조를 많이 참조하였음을 밝힌다.
6) 유창균(1996), 『향가비해』, 형설출판사, 505쪽.
7) 이기문(1978), 『국어사 개설』, 탑출판사, 82쪽. 이기문(1996), 같은 책, 82쪽. 이기문(2000), 『신정판 국어사 개설』, 태학사, 96쪽.
8) 명사형 혹은 관형사형이라 함은 '明(붉-)'을 동사/형용사로 파악하고 하는 말이다. 현대국어 '밝다'에도 동사와 형용사의 두 가지 의미가 있어서, 두 가지로 활용한다. 후술하는 바와 같이 향가 「처용가」의 '夜入伊'를 필자는 '새들이'로 해독한다. 이 '夜入伊(새들이)'에 해당되는 것이 고려 「처용가」의 '새도록'이다. 이 '새들이/새도록'은 동사 '새다'에서 파생한 것이다. 이 같은 파생은 '붉다'→불긔/붉도록'의 경우에도 유사한 것으로 보인다. '불긔'는 뒤의 명사 '月(둘)'을 수식하는 명사형으로 보인다. 앞에 오는 체언은 뒤에 오는 체언을 수식하는 기능이 있는 것이 국어문법이다. 예 학교 건물, 여름 날씨. 그러나 '夜入伊(새들이)'는 뒤에 동사 '遊行'이 연결된 것으로 보아 부사로 보아야 할 것이다.

형용사의 명사 형성법과 부사 형성법은 다음과 같았다.

형용사의 명사 형성법: 형용사 어간에 접미사 '-이/-의'가 붙었다.
예 노픠/노픠(高度), 기리/기릐(長度), 기픠/기픠(深度), 킈(身長, 大度), 너븨(廣度).
형용사의 부사 형성법: 형용사 어간+접미사 '-이'가 붙었다.
예 노피(부사), 기리(부사), 기피(부사), 키(부사), 너비(부사). 볼기, 키.

이상과 같은 규칙은 고대국어에도 소급할 수 있을 것이다. 즉 신라시대에도 위와 같은 형용사의 명사 형성법과 부사 형성법의 분화・차이가 있었을 것이다. 이 규칙을 '붉다'에 적용하면 '붉긔>볼긔'(명사형)와 '볼기(부사)'가 추출될 것이다. 이 차이가 후대에 통합/ 혼효(混淆)된 것으로 보인다. 예 높이(명사. 부사). 길이(명사. 부사). 깊이(명사. 부사).

2.2. '月良': '둘아 > ᄃ라'

'月'의 중세국어가 '둘', 향찰 표기에서 '良'이 '아/라'의 표기에 사용되어 왔음은 널리 아는 바다. 따라서 '月良'은 '둘아'(축자 해독), 'ᄃ라'(어절로 끊어 읽기)의 표기임이 확실하다. 필자는 향찰의 '良'이 '아/라'의 표기에 사용되어 온 이유를 살피고자 한다. 그것은 '良'의 훈에 있다고 본다.9)

①어딜 량(類合 下5a), ②어딜 냥(石千), ③어질 량(兒學下1a), ④알

---

9) 양주동은 그 이유를 다음과 같이 보았다. 「良」이 …… 「라」 외에 「아. 야. 어.여」 등 음에 전음(轉音)됨은 예이 초성 「ㅇ. ㄹ」 상통에 의한 것이다(고가연구 p.286).

량(光千8a).[10]

위의 ④에서 '良'의 옛 훈에 '어질다'는 뜻의 '아다' 혹은 '알다'가 있음을 추측할 수 있다. 향찰의 '良'이 '아'의 표기에 사용되어 온 이유는 여기에 있는 것으로 보인다. 이두에서 '良衣(아이), 良中(아히), 良只(악)'의 이유도 여기에 있다고 본다. 향가에서 '라(ra)'의 표기에도 쓰인 듯이 보임은, '라(ra)'의 앞에 오는 어사의 말음이 'ㄹ(l/r)'인 데 기인한 것으로 보인다.

주의할 것은 이 '月良(ᄃ라)'의 '良(아)'는 호격 조사가 아니라 부사격 조사란 점이다. 그 이유는 다음과 같다. 첫째로 고려「처용가」에 부사격 조사인 'ᄃ래'로 나타난 점, 둘째로 고대국어의 단모음 /ㅏ/가 중세국어에서 대부분 /애/의/로 바뀌었다는 점 등이다. 이는 고대국어에서 이중모음이 없었다는 데 기인할 것이다.

① 徐那伐(삼국사기. 신라), 徐羅伐・徐伐, 斯羅・斯盧・雞林國 → 新羅(삼국유사. 신라시조 혁거세왕).
② 沙尸良縣(백제) → 新良縣(경덕왕. 신라) → 黎陽縣(고려) → (지금 충남 홍성 領內).
③ 沙平縣(백제) → 新平縣(경덕왕. 신라) → 新平縣(고려) → (지금 충남 홍성군 장곡면).
④ 舍輪(或云 金輪)(신라. 사기 권4 眞智王). 素那 或云 金川(사기 권47 열전 제7).

①에 의해 '徐', '斯'가 '新'의 훈에 대응됨을 보아, '新'을 신라어로

---

[10] 이외에 여기에 긴요하지 않은 다음의 훈은 생략한다. 자못 량(頗也), 머리 량(首也), 길흘(깁흘?) 량(深也), 지아비 량(夫稱~人), 진실노 량(~有以)(字典釋要 下 44b), 착할 량(善也), 장인(器工), 때문(~有以) (新字典3:48b).

'서/사'라 하고, '雞'도 '사'라고 했음을 알 수 있다. ②, ③에 의해 '新'을 신라어로 '사'라고 했음을 알 수 있다. ④에 의해 '金'(현대 한국어: 쇠)을 '사/소'라 하였음을 알 수 있다. 따라서 중세국어에서 이중모음이었던 [새](新)가 고대국어에서 단모음 [서/사]였고, 중세국어의 [쇠](金)가 고대국어에서 단모음 [사/소]였음을 알 수 있다. 이 규칙은 바로 고려「처용가」의 '두래'와, 신라「처용가」의 '月良(두라)'에 적용시킬 수 있다. 즉 신라「처용가」의 '月良(두라)'는, 고려「처용가」의 '두래'와 같은 것임을 알 수 있다. 따라서 신라「처용가」'月良(두라)'의 '良'(라: 엄격히는 'ㄹ+아')는 고려「처용가」'두래'의 '래'(엄격히는 '애')와 함께 부사격 조사다. 결코 호격 조사가 아니다.

2.3. '夜入伊' : '새들이'

필자는 다음과 같은 두 가지 의문을 가지고 있다.

첫째, 신라「처용가」'夜入伊'와 고려「처용가」'새도록'의 관계는 무엇일까?

둘째, 오늘날 향가 해독자들은 '夜入伊'를 왜 '밤드리'라고 해독했을까?

첫째 의문에 대한 답은 다음과 같다. '夜'의 중심적인 훈은 물론 '밤'이다. 그러나 '새벽'이란 뜻이 있음을 주의해야 할 것이다.

夜 : ① 밤 야(晝之對). ② 한밤중 야(深夜). ③ 새벽 야(晨也). 새벽녘. [주례·춘관, 계인 周禮·春官, 雞人] 야호단(夜嘑旦). ④ 황혼 야(黃昏). ⑤ 캄캄할 야(昏暗). ⑥ 밤길 야(夜行). ⑦ 성 야(姓也).[11]

---

11) 교학사(1998), 『대한한사전』. '夜'의 다른 음 '액'의 훈은 제시할 필요가 없기에 생략함.

夜 : ① 밤. ② 해질녘, 저물 무렵. ③ 밤중, 한밤중. ④ 날이 샘, 새벽. ⑤ 주역의 坤 또는 坎. ⑥ 陰. ⑦ 어둡다. ⑧ 射와 통함. ⑨ 姓.12)

夜 : ① 밤. 저녁 어두운 때로부터 새벽 밝기까지의 동안. ② 깊은 밤. ③ 해질 무렵. ④ 새벽녘. ⑤ 밤에 다니다. ⑥ 어둡다. 캄캄하다. ⑦ 밤의 경치.13)

다음의 향약명은 필자의 주장에 좋은 암시를 준다.

沙乙木花(夜合花 {鄕藥救急方} 上9ㄴ5).14)
沙乙木花(夜合花 俗云 {鄕藥救急方} 目草48ㄱ3).

위의 '夜合花'15)는 속(俗)에서 '沙乙木花(sarnamokoc)'라고 한다. 여기서 다음과 같은 대응을 찾을 수 있다.

夜 : 沙(sa). 合 : 乙(il).16) 花 : 木花(namokoc).

향가 「처용가」의 '夜入伊'에 해당하는 부분을 '새도록'(고려 「처용가」),

---

12) 제교철차, 『대한화사전』 3권, 350쪽 ①.
13) 단국대학교 동양학연구소(2000), 한한대사전 3.
14) '{鄕救} 上9ㄴ5'(이은규, 고대 한국어 차자표기 용자 사전, 제이앤씨)는 [이은규, 1993, 『향약구급방』의 국어학적 연구, 효성여대(博論)] '上8b'로, 똑같이 '(目草48ㄱ3)'도 '目草4a'로 표시되기도 함.
15) '야합화(夜合花)'는 '합혼목(合昏木)', '합환목(合歡木)', '자귀나무'라고도 한다. 함수초(含羞草)과에 속하는 낙엽활엽의 작은 교목. 잎은 도형(刀形)인데 밤에는 오므라듦. 이 같은 성격 때문에 이 같은 한자 이름을 가지게 된 듯함. '沙乙木花(sarnamokoc)'란 이름은 '도형(刀形)'으로 생긴 잎을 '살[矢]'로 본 데서 비롯한 것인 듯함.
16) '合'에 대응되는 '乙(il)'은 '교합(交合)하다', '성교(性交)하다'는 뜻의 '얼다'이다. 즁과 숭과 어러 子息 나하(釋譜23 : 35). 남진 어러 ᄒᆞ마 도라간: 嫁旣曰歸(宣賜內訓2上3).

'새들이'(필자의 해독)라고 한 것을 보면, 향가에서 '夜'와 '夜音'은 그 표기하려는 바가 달랐음을 알 수 있다. 즉 '夜'는 'sa/saj'를 표기한 것이고, 말음을 첨기한 '夜音'은 '밤'을 표기한 것으로 보인다.

夜入伊(새들이/새드리(신라 「처용가」) →새도록)(고려 「처용가」).
宿尸夜音(잘 밤)(모죽지랑가).
道修良(道 다亽라)(제망매가).17)
行乎尸道尸(녀올 길)(모죽지랑가).

둘째 의문에 대하여는 다음과 같이 생각하게 되었다. 신라 「처용가」의 해독은 고려 「처용가」에서 많은 단서를 얻은 것이 역사적 사실이다. 그러면서도 고려 「처용가」의 굴레에서 벗어나고 싶어 했다. 그것은 신라 「처용가」와 고려 「처용가」의 시간적 거리에 의한 국어의 형태, 의미 및 문법의 변화를 의식하였기 때문일 것이다.

신라 「처용가」 '夜入伊'를 '새들이/새드리'와 '밤드리'로의 해석에 반반의 빌미를 줄 만한 다음의 중세어 문례가 있다.

밤새다 : 밤새도록 거륵이 부소를 희이치더라(新語 9 : 10).
밤새도록 : 竟夜 通宵(譯解補 4).
밤새이다 : 날 니소몬 밤새일 씨라(月釋序 17).
새다 : 주거믈 지븨 가져다가 두고 새도록 아나셔 울오 : 收屍置其家
　　　徹夜抱哭(續三綱. 孝15)

---

17) 필자는 '道修良'을 '길닷가'로 해독한 바가 있다. 그러나 현재는 이를 수정하여 '道(도)'와 '道尸(길)'를 구분하여야 한다고 보게 되었다. 여기서는 말음첨기를 한 표기와 하지 않은 표기를 구분하여 읽어야겠다는 예로 제시한 것이다. 실제로 다음과 같이 상이한 해독이 보인다. '道 닷가'(소창, 양주동, 홍기문, 김준영, 서재극, 김완진). '길 닷아'(이탁), '길 기리'(정열모), '길닷가'(지헌영), '깔 대달아'(김선기). '道修良'의 '修良'을 '닷가'로 읽을 수는 없다.

필자는 '夜入伊'를 '새드리'가 아닌 '새들이'로 해독한다.[18] '夜(새) 入(들) 伊(이)'이기 때문이다. 고려 「처용가」의 '새도록'은 존중할 만한 가치가 충분히 있다.

2.4. '遊行如可' : '놀녈다가'

다수설은 '노니다가'로 해독하고 있다.

노녀다가(소창), 놀니다가(유창균), 노니다가(양주동, 이탁, 홍기문, 정열모, 지헌영, 김선기, 김준영, 서재극, 김완진).

2.4.1. '遊' : '놀-'

① 請 드른 다대와 노니샤 : 受賂之胡與之遊行(龍歌 52章).
② 노닐 씨(月釋 13-4).
③ 四天에 노뇨디 간고대 ᄀ료믐업ᄂ니라 : 遊於四天所 去無礙(楞解 8 : 73).
④ 어루 노녀 노릇ᄒ리니 : 可以遊戱(法華 2 : 67).
⑤ 巴子ㅅ 나라해 오래 노니고 : 久遊巴子國(初杜解 7 : 17).
⑥ 머리 노뇨매 아히돌히 ᄌ라ᄂ니 : 遠遊長兒子(初杜解 15-16).
⑦ 머리 노닐 아드리 : 遠遊子(南明 上10).
⑧ 이 노니논 바탕이니라 : 是遊戱之場(金三 2 : 19).
⑨ 노닐 유 : 遊(類合 下7. 石千 33).
⑩ 노니ᄋ와지이다(樂詞. 鄭石歌).
⑪ 노닐 쇼 : 逍. 노닐 요 : 遙(類合 下28. 石千 32. 註千 32).

'③ 노뇨디(←노니오디), ④ 노녀(←노니어), ⑥ 노뇨매(←노니오매),

---

18) 축자 해독하여 '새드리'로 해독되려면, '夜入理'나 '夜入里'로 표기되어 있어야 한다.

⑩ 노니ᄋ와지이다, ⑤ 노니고(遊)'로 보면 '遊'를 뜻하는 고유어가 '노니다'임을 유추할 수 있다. 왜냐하면 합성어에서 'ㄴㄷㅿㅅㅈㅊ' 등 치음 앞(만)의 'ㄹ'이 탈락한다는19) 후기 중세국어에서, '모음이나 ㄱ' 앞에서도 '노니로디/노닐오디, 노니러/노닐어, 노니로매/노닐오매, 노니ᄅᆞ와지이다/노닐ᄋ와지이다, 노닐고'가 아니고, 위의 예문과 같이 나타났기 때문이다. ⑤ 이외의 '① 노니샤'는 위의 탈락 조건에 의해, ②, ⑦, ⑨, ⑪은 모음으로 끝난 어간이 명사형 혹은 관형사형에 'ㄹ' 말음을 가진 것인지, 'ㄹ' 말음을 가진 기본형이 뒤에 체언이 오는 경우, 그 말음이 탈락된 후 관형사형 어미 'ㄹ'이 첨가된 것인지 불명확하다. 즉 ②, ⑦, ⑨, ⑪로써는 그 기본형이 '노니다'인지 '노닐다'인지 알 수 없다.

다음의 예는 그 기본형이 '노닐다'임이 확실하다. 그러나 이것은 아주 후대의 표기여서 예외로 보인다.

일업시 노닐며셔(古時調. 金天澤. 人間. 青丘).
만경창파에 슬ᄏ장 노닐며셔(古時調. 海謠).

엄격히 '遊'의 석(釋)을 찾아보면 '놀다'임을 알 수 있다.

ᄒᆞ마 道胎예 노라 : 旣遊道胎(楞解 8 : 24).
諸根에 노로미 잢간도 긋디 아니호몰(圓覺 序61).
모다 노라 森然히 精神이 모댓도다 : 群遊森會神(初杜解 16 : 34).
先主ㅅ廟애 다시 놀오 少城闉으로 ᄯᅩ 디나가라 : 重遊先主廟更歷少城

---

19) '(遊)'를 뜻하는 말의 기본형을 '노닐다'로 잡고서, 이 같은 조건을 충족시키려면 '⑤노니고(遊)'는 '노닐고'로 나타나야 한다. '⑤'가 '노닐고'로 나타났더라면 '遊'의 기본형은 '노닐다'로 잡아야 한다는 말이다. 그러나 '⑤노니고(遊)'로 보아, '遊'의 기본형은 '노니다'로 잡아야 한다.

闈(初杜解 20 : 29).
錦水ㅅ ᄀᆞ쇡 ᄒᆞ딕 노로라 : 同遊錦水濱(初杜解 20 : 41).
놀 일 : 逸(類合 下7). 놀 유 : 遊(倭解 上42. 註千 33). 노다 : 遊耍[20] (譯解補 47).
江東 녀편네는 잠깐도 사괴여 놀옴이 업서 : 江東婦女略無交遊(宣小 5 : 68).
남으로 초나라히 놀시 : 南遊於楚(五倫 1 : 4).

2.4.2. '行' : '녈-'

① 죨 져재 녀러신고요(樂範. 井邑詞).
② 녈비예 연즌다 샤공아(樂詞. 西京別曲).
③ 아마도 녈구롬이 근처의 머믈세라(松江. 關東別曲).
④ 녈비 젹도다 : 少行舟(初杜解 10 : 37).
⑤ 새원 원쥐되여 녈손님 디내옵닉(古時調. 鄭澈. 松江).

위 예의 ①에 의하면 '行'을 뜻하는 말의 기본형이 '녈다'일 가능성이 있다. '녈어신고요→녀러신고요'의 연철 표기에 의한 것으로 볼 수 있기 때문이다. 그러나 이것도 의심스러운 것은 첫째로 위에 든 '녀러'(정읍사) 외에 다른 예문을 찾을 길이 없다는 점이다. 둘째로 아래에 든 예문 ①의 '몯 녀아(月印 上31)'의 '녀아[njəa]' 문제 때문이다. 이 '녀아[njəa]'에 나타난 모음 충돌을 피하기 위해 탄설음 [ɾ]을 삽입한 형태가 '녀러'일 수도 있다.[21] 그러나 ②~⑤의 예로는 '遊'의 우리말 기본형의

---

20) 遊耍(유사): 현대 한국어로 '놀다'를 뜻하는 중국어. 『역어유해보』에는 '워쇠', '잎화'라고 씌어 있음.
21) '녀아(月印上31)>녀라>녀러(樂範.井邑詞)'로의 변화 가능성은 현대국어 '이르다(至)'의 러변칙 활용과 비슷한 것으로도 보인다. '이르다(至) : 이르어>이르러'. 또 '녀다(行) : 녀아(月印上31)>녀라>녀러(樂範.井邑詞)'로의 변화 가능성은 정읍사가 백제 가요인가 여부의 문제보다 더 중요하다. 문자로의 정착은 정읍사의 '녀러'보다 '녀아(月印上31)'가 먼저였음에 유의해야 할 것이다. '녀

경우와 같이, 그것이 '녈다'인지 '녀다'인지 불분명하다.22)
　다음의 예들로는 그것이 '녀다'임을 확인할 수 있다. 그러나 아래에 든 예 '① 녀아(月印 上31)'는 위에 든 '① 녀러신고요(樂範. 井邑詞)'보다 먼저 문자로 정착된 기록임을 유의해야 할 것이다.

　　① 홍졍바지둘히 길흘 몯 녀아 天神끠 비더니이다(月印 上31).
　　② 발 뒷ᄂᆞ니로 모다 녀게 ᄒᆞ샤미라 : 使有趾者共由也(法華 2 : 39).
　　③ ᄇᆡ 녀ᄆᆞᆯ 因ᄒᆞ야 든ᄂᆞ니 : 因舟行而鶩駿(圓覺 序56).
　　④ ᄆᆞᅀᆞᆷ맷 길히 녀디 아니홀 ᄢᅴ : 心路不行時(蒙法 41).
　　⑤ 길 녀매 나ᅀᅡ가놋다 : 就行役(初杜解 8 : 20).
　　⑥ 거러 녀 自由호ᄆᆞᆯ 아로라 : 徒步覺自由(杜解 22 : 1).
　　⑦ ᄇᆡ 녀유미 다 빗 자본 사ᄅᆞ미게 잇ᄂᆞ니 : 行船盡在把梢人(金三 3 : 20).
　　⑧ 니믈 뫼셔 녀곤 오ᄂᆞᆯ날 嘉俳샷다(樂範. 動動).
　　⑨ 넉시라도님을 ᄒᆞᆫ디 녀닛 景 너기다니 벼기더시니 뉘러시니잇가(樂詞. 滿殿春).
　　⑩ 나ᄂᆞᆫ 녀 불셔 믌ᄀᆞ애 왯거눌 : 我行已水濱(重杜解 1 : 4).
　　⑪ 나못 그데 녀고 : 行木杪(重杜解 2 : 12).

　이상으로써 '行'을 뜻하는 말의 기본형은 '녀다'임을 알 수 있다. 신라 향가에서의 '行'의 해독도 대부분 이 중세국어 '녀-'에 의하여 해독되었다.

　　러'(정읍사)의 표기는 '정읍사'가 첫째는 문자로의 정착은 후대였다는 점, 둘째는 문어가 아닌 구어, 구어보다 더 모음충돌을 기피한 활음조가 요구되는 노랫말이었다는 점에서 연유한 것으로 보인다.
22) 이는 말음에 'ㄹ'음을 가진 기본형 어간 '녈-(行)'에서 관형사형이 되기 위해 'ㄹ'이 탈락되고 관형사형 어미 'ㄹ'이 첨가된 것인지, 'ㄹ'음을 가지지 않은 기본형 어간 '녀-(行)'에 관형사형 어미 'ㄹ'이 첨가된 것인지 불분명하다는 말임.

擬可行等(수희공덕가) : 비겨 녀든(소창 : 95). 비겨 녀돈(양주동 : 763). 너겨 녀돈(양주동 : 777), (홍기문 : 172), (지헌영 : 38). 비갸(>비겨) 녀든(강길운 : 410).

墮支行齊(모죽지랑가) : 뻐러뎌 녀제(소창 : 149). 디니져(양주동 : 67). 뻐디 녀져(홍기문 : 37). 디ㅅ니져(지헌영 : 13). 뻐디니져(강길운 : 122).

行乎尸道尸(모죽지랑가) : 녀올 길아(소창 : 149) 녀올 길(양주동 : 67), (지헌영 : 13). 녀롤(>녀올). 길 녀훌 길(홍기문 : 37).

遊行如可(처용가) : 노녀다가(소창 : 180). 노니다가(양주동 : 378), (홍기문 : 83), (지헌영 : 70), (강길운 : 324).

汝於多支行齊(원가) : 너 어듸 녀제(소창 : 222). 너 엇뎨 니저(양주동 : 608). 너 엇더히 니저(홍기문 : 135). 너 어됫 니져(지헌영 : 15). 너 엇다(>엇뎨) 녀쎠(>녀져)(강길운 : 167).

그러나 국어사의 연구 결과는 'ㄴ' 앞에서의 'ㄹ' 탈락을 후기 중세국어에 들어서의 현상이라고 한다.[23]

전기 중세어에서 있어서는 합성어에서 'ㄴ ㄷ ㅿ ㅅ ㅈ ㅊ' 등 치음 앞의 'ㄹ'이 유지되었다. 『계림유사』에도 그런 예가 있지만("柴 曰孛南木" *블나모, 현대어 부나무), 『향약구급방』은 분명한 예들을 보여 준다. "麥門冬 冬乙沙伊", "苦蔘 板麻"는 분명히 '겨슬사리', '널삼'을 나타내고 있는데, 이들은 후기 중세 문헌에 '겨ᅀ사리', '너삼'으로 나타난다.[24]

전기 중세국어(대체로 고려어)에서 치음 앞의 'ㄹ'이 유지되었다면, 이 현상은 물론 고대국어에로 소급되어야 할 것이다. 그러면 향가 처용가 '遊行如可'의 신라어는 다음과 같은 변천 과정을 겪었음을 유추할

---

23) 이기문(2000), 『신정판 국어사 개설』, 태학사, 96쪽.
24) 이기문(2000), 앞의 책. 113쪽.

수 있다.

놀-(遊)+널-(行)+다가(如可) 〔고대국어:신라어〕 >놀녀다가('ㄷ' 앞의 'ㄹ' 탈락에 의해) >노녀다가(후기중세국어).

그러면 '遊行如可'는 '놀널다가'로 해독되어야 할 것이다.25)

---

25) 그러나 『삼국사기』의 다음 기록에 유의할 필요가 있을 것이다.
① 素那 或云 金川(삼사 권47 열전).
② 金橋謂西川之橋 俗訛呼云松橋也(유사 권3 阿道基羅).
①, ②에서 각각 다음과 같은 등식을 만들 수 있을 것이다.
① 소나(素那)=소나[金川]. ②소ᄃ리[金橋]=솔ᄃ리>소ᄃ리[松橋]. 그러나 '松橋'가 치음 앞에서 'ㄹ'이 탈락한 신라어 '소ᄃ리'의 표기라고 단정하기는 어렵다. 첫째로 '소나[金川]'의 '나[川]'가 15세기 국어에서 보이는 '누리>뉘[世]', '서리>시[間]', '나리>내[川]'(고려가요 動動)처럼 모음 사이 'ㄹ' 탈락 이전의 첫 음절 표기일 가능성이 있기 때문이다. 즉 '소나[金川]'도 '金[쇠: sø←*소리]'과 '川[내: nɛ←*나리]'의 'ㄹ' 탈락 이전의 첫음절 표기일 것이다. '松橋[소ᄃ리]'의 '*松[소]'도 松[솔]'의 말음이 오늘날처럼 설측음이 아닌 탄설음 [ɾ]로 발음되던 [soɾ]의 [so]만의 표기인 것으로 보인다. 왜냐하면 국어사의 연구 결과는 고대 국어의 말자음은 오늘날과는 달리 외파되었던 것으로 보기 때문이다. 이로써 金橋[소ᄃ리]=松橋[소ᄃ리]의 등식이 치음 앞 'ㄹ' 탈락에서 비롯한 것이 아님을 알 수 있다. ①과 ②에서 '素=金=松'=소[so]의 등식을 얻을 수 있다. 따라서 신라어에서도 [ㄷ]('ᄃ리')음 앞에서 [ㄹ]음이 탈락되지 않음을 알 수 있다. (이 같은 견해에 대하여는 반론이 제기된 바 있다. 2007년 5월 26일, 공주대학교 신관캠퍼스 산학연구관 강당에서 있은, 한글학회 주최 610돌 세종날 기념 한글학회 전국 국어학 학술 대회에서, 필자의 본 논문 발표 후 토의 과정에서였다.) 둘째로 고대국어(신라어)의 치음 앞에서 탈락되었던 'ㄹ'가 전기 중세국어에서 유지되었다가, 후기 중세국어에서 다시 탈락되었다고 하는 것은 무리다. 그것은 첫째로 음운변화의 일관성으로 보아서 그렇다(예: 순중음 /ㅂ/ > 순경음 /ㅸ/ > /W/. 치음 /ㅅ/ > 반치음 /ㅿ/ > /ㅇ/). 셋째로 음운 변화는 의미 전달의 효과가 동일한 경우, 노력 경제의 방향으로 진행하는 것이 일반적이다. 따라서 치음 앞에서의 'ㄹ'는 고대국어(여기서는 신라어)에서

2.5. '入良 沙'26): '들아 내 > 드라 내'

2.5.1. '入良' : '들아 > 드라'

'入良'의 '入'이 '들-'임은 확실하다. '良'이 표기하는 음은 원칙적으로 [아]였다. 따라서 '入良'은 '드라'로 해독한다. 향가의 작자가 왜 '良'을 썼는가를 고려해야 할 것이다. 고대로 갈수록 모음조화가 강했다고 하는 국어사의 연구 결과를 고려하면27) [一] 모음과 [아 : 良]의 조화는 이들 모음의 성격에서 찾아야 할 것이다. 특히 [一] 모음의 양성모음(강모음)적 성격은 다시 규명되어야 할 것이다.28)

2.5.2. '沙' : '내'

신라「처용가」'入良沙'의 '沙'의 해석에 대하여는 일찍부터 많은 학

는 유지되어, 전기 중세국어(대체로 고려어)에서도 유지되었다고 본다. 그리하여『계림유사』나『향약구급방』에는 'ㄹ'를 유지하는 어형이 채록되었을 것이다. 그러다가 후기 중세국어에서 탈락하였다고 봄이 자연스러울 것이다. 넷째로 고려「처용가」에 나오는 치음 앞 'ㄹ' 탈락의 예('노니다가')는 실은 후기 중세국어(문자)로 정착된 것임을 유의해야 한다. 이로써 '素(so)=金(so)=松(so)'의 등식은 '金(*soli/*soɾi)'와 '松(sol/*soɾ)'의 앞 부분의 부분 음차에 비롯한 것으로 보인다. '문화관문(蚊火關門)∞모화관문(毛火關門)(月城郡 外東面)(삼사 권10)∞모블관문'도 유사한 예다. 그러므로 고대국어(신라어)의 '遊行如可'는 고대국어의 음운 현상을 반영하여, 기본형을 충실히 유지한 '놀녈다가'로 해독되어야 할 것이다.

26) '入良 沙'를 띄어 쓴 이유는 뒤에 설명하는 바와 같이, 필자는 '沙'를 훈독자로 읽어야 한다고 보기 때문이다.
27) 이기문(2000),『신정판 국어사 개설』, 태학사, 87쪽.
28) 이기문은 "전기 중세국어의 '一'[ə]에 대응되는 모음은 표기상 거의 노출되지 않는다. 이 모음도 원순성이 있었을 가능성이 있으나 한자음에 있어서 이 모음이 중고 중국음의 [iə]에 대당되었음을 보면 [ö]라고는 하기 어려운 것이 아닌가 한다."라고 한다(이기문 앞의 책, 86쪽).

자들이 의심을 가지고 있었다. 우선 그간의 해석을 알아본다. 대부분의 학자들이 '沙'를 음독하여 어미로 처리하였다.29)

소창 : 들어사.
양주동, 홍기문, 지헌영 : 드러사.
이탁 : 들어ᄉ.
정열모 : 들어 시침애.30)
김선기 : 돌아사.
김준영 : 들아사.
서재극 : *드라사.
김완진 : 드라사.
강길운 : 드라사(=들아서야).
정창일 : 드러사.

이상을 보면 정열모만 음독하여 어간의 첫 음절로 읽었을 뿐, 다른 이들은 모두 '들다'(入)의 강세조사 · 강세사 · 강세첨사 '-사'로 처리하였다. 다만 유 · 무성(△/ㅅ)의 차이만 있을 뿐이었다. 이는 초창기 연구자들이 한번 그렇게 본 후 모두 그를 답습한 것처럼 보인다.

'沙'의 차자 표기는 세 가지로 쓰였다.

① 古沙夫里(古四州, 백제, 사기). 分嵯郡(夫沙 一云, 백제, 사기).
② 沙伐國(上州, 尙州 : 尙州, 新羅 사기). 沙尸良縣(新良縣 : 黎陽縣, 백제, 사기). 沙平縣(新平縣 : 新平縣, 백제, 사기). 沙伏忽(赤城縣 : 陽城縣, 고구려, 사기). 赤木縣(沙非斤乙 一云, 고구려, 사기). 冬乙沙伊(麥門冬, 향약구급방). 沙邑菜(白朮 俗云, 향약구급방). 沙參矣角(鹿角 俗云, 향약구급방). 只沙里皮(枳殼, 향약구급방).

---

29) 편의를 위하여 '入良沙'의 해석을 함께 보인다.
30) 정열모는 '사침의(沙寢矣)'를 '시침애'로 읽고, '신혼부부의 거처하는 방', '새 방에'로 푼다[정열모(1965), 『향가연구』, 사회과학원출판사, 173쪽].

③ 內乙買縣(沙川縣 : 沙川縣, 고구려, 사기). 上老縣 (長沙縣 : 長沙縣, 백제, 사기, 36 : 09ㄱ9).31)

①의 예들은 괄호 안과 밖의 동일한 음 [사/sa]의 표기로 보인다.

②의 '沙(sa)'는 '新/黎(사)', '沙伏/沙非(sabok/sabi : 赤)', '白(숣다)' · '사슴(鹿)'의 전체 혹은 부분 표기로 보인다.

③의 '沙'는 훈독하여 '내/노'로 읽어야 한다.

'入良沙'의 '沙'는 ③의 방식으로 읽어야 한다. 향가「처용가」의 문맥상 강세사가 될 수 없음은 일찍이 제기되어 온 문제다. 실제로 '들어사'의 '-사'가 강세조사, 강세사, 강세첨사로서 현대어의 '(방에) 들어야/들어서야'의 '-야'에 해당되는 것이라면 '(방에) 들어와서야 자리를 보고서야 허튀(脚烏伊)가 넷이라는 것을 알았단 말인가? 방에 들어오기 전에도 뜰에 놓인 신발 네 짝으로도 허튀(脚烏伊)가 넷이라는 것을 이미 알았을 것이다. 그러면 '사(沙)'는 강세사로서의 존재 가치가 없어진다. 그리하여 그 해결책으로 '沙'를 '汝'의 오기로 처리하여 의외의 해석을 낳기도 하였다.32) 필자는 이 '沙'를 '나'(吾)의 관형격 '내'로 해석해야 한다고 본다. 그 이유는 다음과 같다.

첫째, 신라「처용가」'沙' 자리에 나타난 고려「처용가」의 '내'를 존중해야 한다. 신라「처용가」와 고려「처용가」의 관계는 그 시간적 거리에도 불구하고 긴밀한 관계에 있음을 유의해야 한다.

양주동은 '入良沙'의 '沙'를 '강세조사 「ᄉᆞ」'로 해석하였다. 이어서

---

31) 이상의 예는 주로 이은규(2006),『고대 한국어 차자표기 용자 사전』(제이앤씨), 150~151쪽에서 인용하였음을 밝힘.
32) 김경수 외(2005),『처용은 누구인가』, 도서출판 역락. 김경수,「처용설화와「처용가」의 연구사적 검토」, 23쪽. 그리하여 제3구를 '들어 네 (아내의) 자리를 보니'로 해석하기도 하였다.

고려 「처용가」와의 차이에 유의하여 '「入良沙」(드러사)는 궤범 소재가(軌範所載歌)엔 「사」를 산(刪)'하였다33)고 보았다. 필자는 '入良沙'는 '드러사'라고 해석해서는 안 된다고 생각한다. 즉 '沙'를 '사/사'로 해석하지 말고, 신라 「처용가」 '沙' 자리에 보이는 고려 「처용가」의 '내'['나'(吾)의 관형격]를 존중하여 해독해야 한다고 본다. 이렇게 해석하면 '궤범(軌範) 소재가(所載歌)엔 「사」를 산(刪)'하였다고 하지 않아도, 향가 「처용가」와의 괴리를 막을 수 있게 된다. 즉 신라 「처용가」와 고려 「처용가」의 이 부분의 해석상 불일치의 문제를 자동적으로 해결할 수 있게 된다.

둘째, '沙'는 『삼국사기』의 지명 표기에 '內[nai]'라는 음의 표기에 쓰였음을 유의해야 한다.

　　沙川縣 本高句麗 內乙買縣 景德王 改名 今因之 : 사천현은 본시 고려의 내을매현으로, 경덕왕이 (사천으로) 개명하여 지금도 그대로 일컫는다.34)(삼사 권35 잡지 제4 지리 2)

'沙川縣'(신라 지명) : '內乙買縣'(고구려 지명)의 대응에서 음차 표기한 고구려어('naiïlmai')를 훈차 표기한 '沙川'에서 다음과 같은 두 가지 대응 가능성을 찾을 수 있다.

　　① '沙' : 內[nai]. '川' : 乙買[ïlmai].
　　② '沙' : 內乙[naiïl]. '川' : 買[mai].

후자처럼 대응하는 것으로 보는 이도 있으나 전자가 옳다고 본다. 그

---

33) 양주동(1970), 『증정 고가연구』, 일조각, 402쪽.
34) 이병도(1982), 『국역 삼국사기』, 을유문화사, 538쪽. 이병도는 '사천현'을 '지금 楊州郡 北'으로 비정하였다.

이유는 다음을 보면 알 수 있다.

　　長沙縣 本百濟 上老縣 景德王改名 今因之 : 장사현은 본시 백제의 상노현으로, 경덕왕이 (장사로) 개명하여 지금도 그대로 하고 있다(전북 고창군 영내).(삼사 권36 잡지 제6 지리 3)

'長沙縣'(신라 지명) : '上老縣'(백제 지명)의 대응에서 음차 표기한 백제어 [saŋno]와, 훈차 표기한 신라어 '長沙'에서 다음과 같은 대응 가능성을 찾을 수 있다.

　　長 : 上.　沙 : 老[no].

이상에서 '沙'를 뜻하는 고대국어 '內[nai/naj]' 또는 '老[no]'를 추출할 수 있다. 이로써 '沙'는 '사'로 해석하지 말고, '나'(吾)의 관형격 '내(nai/naj)'로 해석해야 함을 알 수 있다. 이렇게 해석하면 신라 「처용가」와, 고려 「처용가」의 이 부분의 해석상의 불일치도 자동적으로 해결할 수 있게 된다.

　　入良 沙 寢矣 見昆[35]) (신라 「처용가」)
　　드러 내 자리를 보니 (고려 「처용가」)
　　(들어서 나의 자리를 보니 : 현대 말 번역)

---

35) '見昆'은 전술한 바와 같이 '見尼'로 바로잡아야 하나 여기서는 원본비평 이전 그대로 둔다.

2.6. '見昆' → '見尼' : '살니'

2.6.1. '見昆'의 '見' : '살'

어간인 '見'에 대하여는 한 사람의 이의도 없이 '보-'로 보고 있다. 필자는 '見'을 '살'로 해독하여야 한다고 생각한다. 그것은 다음과 같은 이유에서다.

> 來蘇郡 本高句麗買省縣 景德王改名 今見州 : 내소군은 본시 고구려 매성현인데, 경덕왕이 (내소로) 개명하였다. 지금 견주다.[36](삼사 권 잡지 제4 지리 1)(권50 열전 제10)

> 本高句麗買省郡(一云昌化郡) 新羅景德王改來蘇 高麗初陞見州 顯宗九年 屬楊州 : 본래 고구려 매성군인데, 창화군이라 하기도 한다. 신라 경덕왕이 내소(來蘇)라 고쳤다. 고려 초에는 승격하여 견주(見州)[37]라 하였고 현종 9년에는 양주에 예속하였다. (新增東國輿地勝覽 卷之十一)

이상에서 다음과 같은 대응을 발견할 수 있다.

> 買省縣(郡)(고구려) : 來蘇郡(신라) : 見州(고려) : 楊州(조선).

---

[36] 이병도는 『국역 삼국사기』에서 '지금 양주군 州內面(537쪽). 양주군 舊邑內(716쪽)'로 비정하였다.

[37] <문헌비고> '고읍'조에는 '見州'를 '현주'라 읽은 흔적이 있다. 見州 : 본래 백제 매성현(買省郡)인데 마홀(馬忽)이라고도 한다. 신라 경덕왕 16년에 내소군(來蘇郡)으로 고쳐서 …… 고려 정종(定宗) 2년에 다시 현주군(縣州郡)으로 하였는데 창화현(昌化縣)이라고도 한다. 현종(顯宗) 9년에 양주(楊州)에 예속시켰다(국역 신증동국여지승람Ⅱ. p.275). 여기서 다음의 대비를 얻을 수 있다. 買省郡(백제) : 來蘇郡(신라) : 縣州郡(고려) : 見州(조선). 그러나 이는 '見(견/현)'의 음에만 주의했을 뿐 '買 : 來蘇(蘇來) : sal/sol' 사이의 관련을 잊은 듯한 흠이 있다.

고구려 지명 '買省縣'의 '買'와 고려 지명 '見州'의 '見'의 대응에서 '見'의 고려어 '살-'을 추출할 수 있다. 이를 기초로 다시 고구려 지명 '買省'과 신라 지명 '來蘇'는 '蘇來'의 도치로 '蘇來'는 '買(살)'의 이음(異音) 표기임을 유추할 수 있다. 하여간 중요한 것은 고구려 지명 '買省縣'의 '買'(살)와, 고려 지명 '見州'의 '見'(살)의 대응 현상이다.

'買'가 's~l/ s~r'음을 가졌음은, 다음의 '首'(술이/ 수리) : '買'(살)의 대응으로 보아도 확실하다.

首原縣 本買省坪(삼사 권37 잡지 제6 지리 4).

다음도 '見'에 's'의 음이 있음을 암시하고 있다.

目牛縣 本百濟牛見縣 景德王 改名 今未詳 : 목우현은 본시 백제의 우견현으로, 경덕왕이 (목우로) 개명하였는데 지금 미상이다.(삼사 권 36 잡지 제5 지리 3)

牛見縣(백제) : 目牛縣(신라) : ?(고려)

요망(瞭望) : ① 브라보다 : 하라뮈(haramui)<蒙上 : 21b>.<文上 : 28b>. 카람비(karambi)<淸6 : 39a>. 瞭望<合4 : 6a>. ② 通稱 망보다[瞭望] 카람비(karambi)<淸4 : 52a>. 瞭望<合4 : 6a>.38)
건우(犍牛) : 악대쇼 ○ 샬 우컬39)

見(살-)<한국어>: 牛(쇼)<한국어> ∞ 요망(瞭望) : 건우(犍牛), 악대

---

38) 서울대 고전총서, 몽어유해 상, 21쪽 b.
  김형수(1994), 『몽고어·만주어 비교어휘사전』, 형설출판사, 376쪽.
39) 『몽어유해』 下 32a(上5a). 牛(쇼)를 뜻하는 몽골어는 '우컬(uker)'이지만 '악대쇼 ○ 샬 우컬'(『몽어유해』 下 32a)에서 '샬'을 취한 듯하다.

쇼 ∞ 하라뮈(haramui): 샬 우컬.

'브라보다'를 뜻하는 몽고어계의 '하라뮈(haramui)'가 한국어에 들어와서, 한국어의 음운 변화 규칙을 따른 것으로 보인다. 한국어에는 /h/ > /s/ 음운 변화 규칙이 있다(형님>성님). 이에 의해 '하라뮈(haramui)'는 한국어에서 '*사라뮈(saramui)'와 대응되어 어두만 떼어 '見[살 : sal]'이 될 수 있다. 이 같은 대응이 '牛見縣(백제) : 目牛縣(신라)'의 대응을 가능하게 한 것이다.

이상에서 백제어 '牛見'과 신라어 '目牛'에서 '見(살) : 牛(쇼/살?)'의 대응을 유추할 수 있다. 『삼국유사』에는 더욱 확실한 것이 보인다.

    路傍樹 至今名見郎 又俚言似如樹 一作印如樹 : 길가에 있는 나무를 지금도 견랑(수)(사라수)이라고 하며 이것은 또 이언으로 사여수(사라수) 혹은 인여수(사라수)라고 한다(유사 권3 彌勒仙花 末尸郎 眞慈師).

양 주동은 '見郎'을 '路傍樹'의 한문학적 비유어라고 하고, '似如樹'와 '印如樹'를 '인듯나모'라고 하였다.[40] 그러나 필자는 이와 의견을 달리한다. '見郎'은 '見郎樹'의 생략으로 '見郎樹'·'似如樹'·'印如樹'의 '見'·'印'은 '살'의 훈차 표기로, '似'는 '사'의 음차 표기로 이들은 모두 '사라수'의 다른 표기에 불과하다. '見郎樹'를 이언(俚言)으로 '似如樹'·'印如樹'라고도 한다는 것을 일연이 밝혔음은, 이들이 향찰식 표기임을 밝힌 것이다. '見' : '印' : '似'의 대응은 다음으로 입증된다.

첫째, '見'의 옛 훈에 '살'이 있음은 '살피다'의 '살-'로 짐작할 수가 있다.

둘째, '印'의 고유어가 '살'이었음은 떡에 박는 '떡살'로 알 수가 있

---

40) 양주동(1970), 『고가연구』, 일조각, 631쪽.

다.

'사라수'는 '사라수(裟羅樹)'로도 나타난다.

    원효의 모가 만삭이 되어 이 골 밤나무 밑을 지나다가 갑자기 해
산을 하였다. 창황하여 집에 돌아가지 못하고 남편의 옷을 나무에 걸
고 거기에 침거하였다. 인하여 이 나무를 사라수(裟羅樹)라고 하였는
데 그 나무의 열매가 이상하여 지금도 사라율(裟羅栗)이라고 일컫는
다 : 母旣娠而月滿 適過此谷栗樹下 忽分産 而倉皇不能歸家 且以夫衣
掛樹 而寢處其中 因號樹曰裟羅樹 其樹之實亦異於常 至今稱裟羅栗(유
사 권4 원효불기).

이상으로써 다음의 등식이 성립된다.

    見郎(樹) = 似如樹 = 印如樹 = 栗樹 = 裟羅樹 = 沙羅樹 =
shorea robusta = 사라수.

이로써 '見'의 신라어가 '살-'이었음을 확인하였다.[41]

2.6.2. '見昆'의 '昆' → '尼' : '니'

'昆'에 대한 해석은 선학들 간에 '곤'(소창, 양주동, 홍기문, 지헌영, 김선기, 김준영, 서재극, 김완진), '근'(이탁), '건'(정열모)의 차이가 보이나 대체적으로 '곤'으로 보고 있다. 그러나 이는 고려「처용가」와의 다음과 같은 대비에 유의할 필요가 있다.

---

[41] 상세한 것은『삼국유사』에 나타난 '見郎·似如樹·印如樹·裟羅樹·沙羅'에 대하여, 강헌규(2000),『국어학 논문집』, 공주대학교 출판부 참조. '見'을 뜻하는 '보다'와 '살다'의 경쟁과 사멸, 의미 변화의 규명은 또 새로운 과제라고 할 수 있다.

入良 沙 寢矣⁴²⁾ 見昆 (신라 「처용가」).
드러 내 자리롤 보니 (고려 「처용가」).
(들어서 나의 자리를 보니 : 현대 말 번역).

위의 '見昆'과 '보니'의 대비로 보면, '見昆'이 아니라 '見尼'일 가능성이 있다. 즉 '곤(昆)'은 '니(尼)'의 오자일 가능성이 있다. 이에 의하여 신라 「처용가」 제3구도 신라어형으로 복원할진대 다음과 같이 해석해야 할 것이다.

入良 沙 寢矣 見尼(드라 내 자리 살니(/사니)).

신라어 문법과 고려어 문법, 그리고 현대 한국어 문법의 용언 어미 '-니'와 '-곤'의 의미가 달랐다고 가정할 수 없다. 그렇다면 이들의 현대어 및 고려어에서의 의미와 용법을 찾아본다.

① -곤 : 같은 동작을 되풀이함을 나타내는 연결어미. 봄만 되면 등산(登山)하~ 하였다/밤이면 울~ 한다. (주의) 흔히, '하다'가 뒤에 따름. 그는 저녁마다 내게 찾아오~ 하였다.
② -곤 : '고는'(어미 '-고'와 '는'이 결합한 말. '-고'의 힘줌말.)이 준 말. 일을 하~ 있지만. 밥을 먹~ 있지만 생각은 딴 데에 있다. 사람은 빵만 가지~ 살 수 없다.
③ -곤 : <옛>-거든. -는데. 앞일을 이야기하고, 뒤에 올 일을 이끌어내는 연결 어미. 의문문의 종속절을 이루는 데 쓰임. 그 福이 오히려 하곤 ᄒᆞ몰며 ᄯᅩ 能히 사ᄅᆞᆷ 爲하야 사겨 닐오미 ᄯᅡ니녀(其福尙多何況更能爲人解說)(『金剛 下 92』). 누릿 가온ᄃᆡ 나곤 몸하 ᄒᆞ올로 녈셔(『樂學 動動』).⁴³⁾

───────────
42) 신라 처용가의 '寢矣'에는 고려 처용가에 보이는 목적격의 '롤'(악학궤범), '를'(악장가사)은 보이지 않음을 유의해야 할 것이다.
43) 이희승(1996), 『국어대사전』. 금성판(1991), 『국어대사전』. 두 사전의 용례를 함

신라「처용가」의 새로운 고찰 | 37

①, ②는 현대 한국어 어미의 뜻 및 용례이고, ③은 중세어의 그것들이지만, 여기 신라「처용가」의 어미 '-昆'에 해당되지 않는다. 즉 신라「처용가」의 어미 '-昆'에는 동작의 반복이나 강조의 뜻은 없다. 또 중세어에서처럼 의문문의 종속절을 이끌어내는 연결어미도 아니다.

다시 현대 국어 용언의 어미 '-니'의 뜻과 용례를 찾아본다.

① -니 : ㉠ '이다'나 받침 없는 용언의 어간에 붙어, 앞으로 하려는 말에 대하여 원인이 되는 사유를 나타내는 연결어미. 봄이 되~ 꽃이 핀다 / 그것은 나쁘~ 갖지 마라 / 어려운 고비~ 더욱 분발하여라.
㉡ 받침 없는 용언의 어간에 붙어, 어떠한 사실을 말할 때 쓰는 연결 어미. 서울역에 도착하~ 일곱 시였다 / 열차에서 내린 것이 꼭 열한 시~, 거리에는 사람의 그림자라곤 없었다.44)
② -니 : '-냐'‥'-느냐'를 보다 친밀하고 부드럽게 말하는 종결 어미. 무엇을 하~ / 어디 가~ / 신이 크~.
③ -니 : '이다'나 받침 없는 형용사 어간에 붙어, '하게' 할 자리에 진리나 으레 있을 사실을 말할 때 쓰는 종결 어미. 도둑질 하는 것은 나쁘~.
④ -니 : '이다'나 받침 없는 형용사의 어간에 붙어, '이렇기도 하고 저렇기도 하다', '이것이라 하기도 하고, 저것이라 하기도 한다'는 뜻을 나타내는 연결 어미. 나쁘~ 비싸~ 하고 트집을 잡다 / 너~ 나~ 구별하지 마라.
⑤ -니 : <옛>-냐. 英雄은 어디 가며 四仙은 그 뉘러니(송강 『관동별곡』).

위에 든 용언 어미 '-니'의 뜻과 용례 중, 고려「처용가」의 '~니 ~가

께 인용하였음.
44) 이희승, 『국어대사전』.

~라'의 구조에 딱 들어맞는 '-니'는 '① -니'밖에는 없다. '② -니'는 의문의 종결어미, '③ -니'는 진실 서술의 종결 어미, '④ -니'는 연결어미이기는 하나, 겸병의 뜻이고, '⑤ -니'는 의문의 종결어미이기 때문이다. ②, ③, ⑤의 '-니'는 우선적으로 '종결어미'이기 때문에 제외된다.

'① -니 ⓒ'의 용례는 다음과 같이 고려「처용가」와 딱 들어맞는다.

  서울역에 도착하~ 일곱 시였다.
  내 자리를 보니 가르리 네히로새라.

고려「처용가」와 신라「처용가」의 깊은 상관성을 고려하면, 신라「처용가」의 '見昆(보곤)'은 '見尼'여야 할 것이다. 그 신라 어형은 '살니(/사니)'였을 것이다. 그 뜻은 현대 국어로 '보니'였을 것이다.

이상으로 보아 '見'이 쓰인 다음의 향가도 '살-'로 읽어야 할 것이다.

  三花矣 岳音見賜烏尸聞古(三花이 오롬 살샤올 듣고 / 三花이 오롬 살시올 듣고 : 혜성가).
  緣起叱理良尋只見根(緣起ㅅ理ㄹ 차지살곤 / 緣起ㅅ理랑 찾ㄱ살근 : 수희공덕가).45)

2.7. '脚烏伊' : '허튀'

우선 선학들의 해석을 알아 본다.

 1. 김택장삼랑(金澤庄三郎)(1918) : tari-i.
 2. 점패방지진(鮎貝房之進)(1923) : 달이.
 3. 권덕규(1923) : 가랄이.

---

45) '見' 이외의 해석 앞은 양주동을, 뒤는 김완진을 따랐음.

4. 소창진평(1929) : 가룰이.46)
5. 전간공작(前間恭作) : 가로-.
6. 유창선(1936) : 가르리.
7. 신태현(1940) : 허튀.
8. 양주동(1940, 1942)47) : 가르리/ 가로리.48) 훈독「가롤」.「脚」의 근고훈은「허튀·드리」이나 고속훈은「가롤·가롤」(현속훈「가랭이」). 烏 음차「오」.「가롤」의「ㅗ」음첨기.
9. 방종현 : 가르리.
10. 지헌영(1947) : 가르리 : 다리(脚)가, 가랑이가.49)
11. 홍기문(1959) : (직역) 가로리. (의역) 다리.50)「脚」은 뜻으로 읽고「烏伊」는 음으로 읽는다.
12. 이탁 : 갈외(오ㅣ).
13. 남광우(1962) : 허튀.
14. 이기문 : 가르리.
15. 김준영(1964, 1979)51) : 가로이. 각 - 훈독 가로이, '오이'는 말음첨기. '歧, 派'의 고어 '가롤'에 접미어 '이'가 붙은 '가롤이 → 갈오이'52)

---

46) 홍기문,『향가해석』, 180, 184쪽. 소창진평(1929),『향가 급 이두의 연구』, 경성대학 문학부기요.『소창진평 저작집(一)』(1973), 경도대학 국문학회. 처용간행위원회 편(2005),『처용연구전집 I』, 도서출판 역락, 13, 17쪽.
47) 양주동,『증정 고가연구』(1970, 일조각)의 '跋(연구의 回憶)'(894쪽)에 보이는 '校了'의 때 '1940년 11월'에 의함.
48) 양주동(1979),『증정 고가연구』, 378쪽의 통석에서는 '가르리'라 하였고, 분석해독하는 데(405쪽)서는 '가로리'라 하였음.
49) 지헌영(1947),『향가여요 신석』, 정음사, 70쪽.
50) 홍기문,『조선 고전 문학 선집 1: 고가요집』(1959), 국립문학예술서적출판사, 83~85쪽. 이 책은 한국문화사(1996)에서 영인 출판한『고가요집』(海外우리語文學硏究叢書 75)에 기대었음.
51) 김준영이 1979년 1월에 쓴 '序言'에는 "鄕歌詳解"를 15년 전에 출판하였다가 회수하였다고 했음(『鄕歌文學』, 형설출판사, 1996). 그러면 "鄕歌詳解"를 1964년에 출판한 셈이다. 그러나 필자는 "鄕歌詳解"를 접하지 못하여 필자의 관심사인 '脚烏伊'를 어떻게 해석했는지 알 수 없음. 착안의 빠름보다 정확한 안목이 더 중요하다고 본다.

16. 정열모(1965) : (직역) 드리 어이. (의역) 다리 어째. (1) 脚 ≪드리≫. 현대어의 ≪다리≫, 몸의 하체를 이른다. ≪脚≫은 ≪허튀라≫[월인석보 21.76]로 나오고 있으나 ≪허튀≫는 하체 전부를 말한 것이 아니라 ≪정갱이, 종아리≫를 이르는 말인 고로 다리의 일부분이다. 그러나 노래의 ≪脚≫은 하체 전부를 이른 것이므로 ≪허투≫로는 개념이 일치되지 않는다.
    (2) 烏伊 ≪어이≫. 『광운(廣韻)』에서 ≪安(어찌)也≫라 하였고 『정운(正韻)』에서 ≪烏≫는 ≪何也≫라 하였다. ≪伊≫는 음의 ≪이≫나 새김 ≪是≫의 뜻인 ≪이≫를 빌어 쓴 것이다. 다른 책들에서는 ≪脚烏伊≫를 한 단어의 표기로 보고 『향가 및 리두 연구』에서는 ≪가롤이≫로, 『조선 고가 연구』에서는 ≪가ᄅ리≫로, 『향가 해석』에서는 ≪가로리≫로 표기하였는데 이것은 다 『악학궤범』에서 ≪가ᄅ리≫로 읽은 것에 근거를 두고 있다. 이 『악학궤범』이 원본으로 삼은 책의 향찰 표기가 어떠하였던가는 알 길이 없다. 혹 ≪脚下≫가 아니던가. 『조선어사 강의 요강』에서는 ≪허퇴(脚烏伊)≫로 읽었다.53)
17. 김선기 : 가롤이.
18. 서정범 : 가드리. '脚烏伊'의 '오(烏)'를 '조(鳥)'의 잘못으로 봄.
19. 김상억(1974) : 가로리. 脚·가롤. 烏·오. 伊·이.54)
20. 서재극(1975) : 재구형 *갈외. (방언)가랭이. (중세 중앙어)가롤.55)
21. 김근수 : 가로리.
22. 전규태(1979) : 가ᄅ리. 「脚烏伊」는 「가ᄅ리」(가랑이가). 「脚」은 훈독 「가로~가롤」. 「烏」·「伊」는 음차 「오」(긴소리 적음)·「이」(주격 조사).56)
23. 김완진(1981) : (轉字)가롤 -오-이. (轉寫)가로리. '脚烏伊'에 대하여는 '허퇴'의 가능성을 완전히 배제할 수 없지만, 通說을 따라 '가로리' 쪽을 택하면서 '烏'字 아래 '尸'이 생략된 것으로 본다.57)

---

52) 김준영(1980, 1996), 『향가문학』, 형설출판사, 120, 123쪽.
53) 정열모(1965), 『향가연구』, 사회과학원 출판사, 169, 174쪽.
54) 김상억(1974), 『향가』, 한국자유교육협회, 267쪽.
55) 서재극(1975), 『신라 향가의 어휘 연구』, 계명대 한국학연구소, 20쪽.
56) 전규태(1979), 『논주 향가』, 정음사, 127~129쪽.

24. 박창원(1987) : 허튀.
25. 정창일(1987) : 가롯이. 「脚 : 가라·아리·드리+烏 : 오+伊 : 이」 → '가롯이'라 合釋한다. ㅅ은 촉음 첨가. "大아리 二足 小아리 八足" "腫아리".58)
26. 고정의 : 허튀.
27. 유창균(1994) : 갈오이. 脚(訓) : 가로. 烏(音) : 오. 伊(音) : 이.59)
28. 강길운(1995, 2004) : '허토이'(=다리·종아리). '脚'을 뜻하면서 말음이 '-오이'로 끝나는 말에 가까운 것은 이조어(sic)의 '허튀'뿐이다. …… '허튀'는 신라어로서는 '허투이' 또는 '허토이'에 소급할 수 있는 말인데, 이것은 holhon(다리·종아리, 만주어. cf.*holho-n >hot'oi >hət'oi >hət'ui >hət'ü ……-lh<만주어>∞-t<국어>)와 대응되는 것으로 추정된다.

한편 고려무가인 「처용가」에 삽입된 신라 「처용가」의 잔영에는 이 부분이 '가ᄅ리'(=다리)로 되어 있어 좀 문제가 된다. '脚烏伊'를 '가ᄅ리'(脚)로 읽을 도리가 없다. …… 이조어(sic)에도 '가롤'(다리)이 있기는 하나, 표기체 '脚烏伊'는 분명한 말음 첨기법의 향찰이니 여기의 '烏'를 '-랄~-롤' 또는 '-알~-올'로 읽을 수 있어야 '가랄~가롤'로 읽을 수 있을 터인데 음훈을 가지고는 그렇게 읽을 수 없기 때문에 고려 「처용가」의 '가ᄅ리'는 신라어 '허토이'의 번역 고려어로 보는 도리밖에 없다. '가라리'를 표기하려면 '脚良理~脚良利'와 같이 적었어야 할 것이다. 요컨대 '脚烏伊'는 '허토이'(=다리·종아리)로 읽어야 할 것이다.60)
29. 양희철 : 허토-이.
30. 신재홍 : 가로이.

이상을 요약하면 다음과 같이 네 부류로 나뉜다.

---

57) 김완진(1981), 『향가 해독법 연구』, 서울대 출판부, 91~93쪽.
58) 정창일(1987, 1993), 『향가 신연구』, 홍문각, 356~357쪽.
59) 유창균(1994, 1996), 『鄕歌批解』, 형설출판사, 517~519쪽.
60) 강길운(2004), 『향가 신해독 연구』, 한국문화사, 331쪽.

① 달이(tari-i).
② 드리 어이('다리 어째'의 뜻).
③ 가랄이(가롤이, 가로-, 가르리·가로리, *갈외, 가로이, 가롤이, 가롤-오-이, 가롯이, 갈오이, 가로오이).
④ 허튀(허토이, 허토-이).

김택(金澤)이 '脚烏伊'를 'tari-i', 점패(鮎貝)가 '달이', 권덕규가 '가랄이', 소창(小倉)이 '가롤이'로 해석한 이후, 대부분의 학자들이 이와 표기만 약간 다른 '가르리'로 풀고 있음을 알 수 있다. 이들 중에서 김완진만 '허튀'로 풀 수 있는 가능성을 배제하지 않았으나, 통설을 따르고 말았다. 그러나 일찍이 신태현에 이어 남광우가 '허튀'로 풀었다. 정열모는 '脚烏伊'를 '드리 어이'('다리 어째'의 뜻)의 두 단어로 풀었으나 무모해 보인다. 이어서 박창원, 고정의, 강길운, 양희철, 황선엽이 '허튀/ 허토이/ 허토-이'로 풀었다. 이 해석은 정곡을 얻은 것으로 보인다. 그 이유는 다음과 같다.

첫째, '脚烏伊'를 소창 이후 '가롤이'류(類)로 해석한 이유는 고려「처용가」에 나온 '가르리'를 염두에 둔 때문이다. 그러나 '가르리'에 앞서 부엽(附葉)에 '허튀'가 나옴을 유의해야 할 것이다. 고려「처용가」의 '가르리'가 신라「처용가」의 '脚烏伊' 자리에 없었다면, 혹은 고려「처용가」가 전해오지 않았다면 신라「처용가」의 '脚烏伊'는 틀림없이 '허토이/ 허투이/ 허튀'로 해석되었을 것이다. 이로 보아서도 '脚烏伊'는 '허토이'로 해석되어야 함을 알 수 있다.

둘째, 앞에 인용한 바와 같이 양주동도 '脚'의 훈 '허튀'를 유념하긴 하였다. 그러나 '허튀'를 '近古訓'으로 보고, '가롤·가롤'을 '古俗訓'으로 본 데에 문제가 있었다. 자훈(字訓)의 보수성으로 보면 오히려 반대일 가능성이 있다. 또는 '허튀'와 '가롤·가롤'의 의미가 다를 수도 있다. 어원적으로 보면 확실히 다름을 짐작할 수 있다. 고려 「처용가」에 쓰인 '허튀'와 '가르리'를 보면 그 의미의 차이가 보인다. 단순히 한 작품 내에서 동일어의 반복 사용을 피하려 한 것만은 아닌 듯하다. 강길운이 지적한 대로 '허튀'는 신라시대 사용하던 말이고, '가롤·가롤'은 고려시대에 생명력이 더 강한 어사였을 가능성도 있다.

      同樂大平ᄒ샤 길어신 허튀예
    …… 드러 내 자리를 보니 가르리 네히로새라(고려「처용가」).

셋째, '派'는 거의 '가롤·가롤'로 대역되고, '脚'·'腓'·'股'·'踦'·'脛'·'腿'·'膝'은 '허튀'·'허퇴'·'허틱'로 해석되었다. '脚'이 '가롤·가롤'류로 대역된 예는 없다.

    그 보비 …… 열 네 가르리니 가르마다 七寶 비치요(월인석보 八 13).
    눉므를 여러 가로로 흐르게 우노라(萬行啼)(두시언해 권 팔 37).
    반드기 알라 녜 비록 네 가롤로(當知昔雖四派)(능엄경언해 九 120).
    가르롤 모도듯 ᄒ니(以會其支派)(연화법화경언해 一 13).
    ᄯ 나ᅀ가시다가 아바님 맞나시니 두 허튀를 안아 우르시니(月釋 第
        八 85. 月曲 240).
    崐山ㅅ 玉 ᄀᆮᄒᆞᆫ 허튀러라(崐山脚)(初杜解9:1).
    늘그늬 허틸 안고(月釋 第八 101).
    오래 누어셔 病든 허튀를 몯 쁠가 시름ᄒ야(臥愁病脚廢)(杜諺卷六 49).
    나히 侵逼ᄒ야 허리와 허튀왜 衰殘ᄒ니(年侵腰脚衰)(初杜解 9:15).
    뫼 귓거슨 ᄒ오ᅀ 훈 허튀오(山鬼獨一脚)(初杜解 21:38).
    허튀를 ᄀᆞ리오디 몯ᄒ리로다(不掩脛)(初杜解 25:27).
    허튀 아랫 노푼 바론(脚下高蹄)(두시언해 17. 31).
    병신의 두 허튀를 구펴(屈病人兩脚)(救簡 1:65).
    同樂大平ᄒ샤 길어신 허튀예(악학궤범. 처용).
    허튀와 발와(脚足)(원각경 9. 113).

허튀와 불과 ᄀᆞᆮᄒᆞ니(猶股肱也)(宣賜內訓 2 上30).
허튓녑(脛膁)(四解 下86 膁字註).
허튀 비(腓). 허튀 긔(踦) 허튀녑 렴(膁)(字會 上26).
허튓비(腓腸)(四解 下11 腨字註).
허퇴예 술홀 버혀 뼈 받ᄌᆞ오니(割腿肉以進)(東新續三綱. 孝 5 : 88).
남ᄀᆞ로 괴와 미요미 볼셔 허틔예 잇도다 : 枝撑已在脚(重杜解 2 : 70).

이상과 같이 '허퇴/ 허튀/ 허틔'류가 '脚'류의 대역에 중심이 되고 있다. '허퇴/ 허튀/ 허틔'류는, 복합어로서 '허튓ᄆᆞᄅᆞ'(정강이)·'허튓비/ 허튓빈'(장딴지/종아리)·'허튓쎠'(정강이뼈) 등도 있다. 이 같은 '허퇴/ 허튀/ 허틔'류의 높은 출현 빈도는, 이들이 '가롤'계보다 선대의 어휘임을 증명하는 것으로 보아야 할 것이다. 또한 국어학의 안목을 키운 학자들이 점점 '허튀'류로 해석하고 있음도 학적 타당성을 인정하는 것으로 보인다. 황선엽은 '脚烏伊'만을 대상으로 한 소논문에서 '허튀'에 대하여 다음과 같이 언급하고 있다.61)

　　'허튀'는 '脚'의 개념에 해당하는 것이었다.62) 그 소멸의 이유는 아

---

61) 황선엽, 「「처용가」 '脚烏伊'의 해독에 대하여」, 처용간행위원회 편, 『처용연구전집 Ⅰ: 어학』, 553쪽.
62) '허튀'로 대표되는 이들의 신체 부위는 정확히 어디일까? 허튀: 다리의 아래 마디. 허튀동: 다리의 아랫동강이. 허튓ᄆᆞᄅᆞ: 정강이. 허튓비: 장딴지. 허튓쎠: 정강이뼈와 종아리뼈[한글 학회(1992), 『우리말 큰사전: 옛말과 이두』, 어문각]. 膁 허튓녑 렴 俗呼外膁裏膁通作膁(훈몽 상26b). '䑋': 정강이 렴(小腿)(교학『대한한사전』). 허퇴: 장딴지. 종아리. 허튀/허틔: 다리. 종아리. 장딴지. 허튓ᄆᆞᄅᆞ: 정강이. 허튓비: 장딴지. 종아리. 허튓쎠: 정강이뼈(남광우, 1997, 교학『고어사전』).
　　이상으로써 '脚[허튀]'은 포괄적으로는 '다리'이지만 정확히는 '정강이(아랫다리의 앞 몸. 곧, 다리 아랫마디의 앞쪽의 뼈가 마루를 이룬 부분)' 또는 '장딴지[종아리 뒤쪽의 살이 불룩한 부분. 비장(腓腸). 어복(魚腹)]'일 것이다. 「처용

직 밝혀내지 못했지만 15세기 말경에 사어화한 것으로 생각된다. 처음에는 일시적으로 '발'이 그 대체어로 사용되다가 점차 '넓적다리'를 뜻하던 '다리'가 그 자리를 메우게 되었다.

이제 필자의 생각을 정리할 때가 되었다. '脚烏伊'의 현대 잔존형은 '허벅지'로 보인다. 이 말은 감화적 가치가 너무 커서 사용을 기피하다가 사멸한 것으로 보인다. '脚烏伊'의 신라어형은 다음과 같은 과정을 거친 것으로 보인다.

'脚(헐)' + '烏(우)' + '伊(이)' → '허투이' → '허튀'.

이는 칼그렌이 밝힌 '烏'의 고한음(古漢音)이 다음과 같기 때문이다.63)

u(M).   u(C).   ụro(A).   u(J).

이로 보면 신라시대 '烏'의 음도 [u]에 가까웠을 것이라고 추정할 수 있다. '허투이'의 '伊(이)'는 '烏(우)'와 '伊(이)'의 모음 사이에서 어떤 자음 탈락의 결과음일 것이다.

가」의 경우 구체적으로는 처용의 처와 역신이 성교 중이었으면 '장딴지'였을 것이고, 반듯이 누워 있는 경우였더라면 '정강이'였을 것이다. '장딴지'가 더 자극적일 것이다.
63) 칼그렌, 『한자 고음사전』(1975), 한국학 고사전 총서 4, 아세아문화사, 364쪽. No. 1288. 원문에서의 발음기호 인용이 부정확했음은 필자의 타자 실력 탓이다. 위의 인용만으로도 대충의 발음은 짐작할 수 있을 것이다. 역시 음차자인 '伊'의 고한음은 더 추구할 필요가 없이 [i]였다가 오프 글라이드 [j]로 변했을 것이다.

2.8. '四是良羅'의 '良羅' : '아라'

'-良羅'를 같은 음의 '라라'고 함은 무리다. 그 이유는 다음과 같다. 첫째로 고려 「처용가」에서 이에 해당되는 부분을 '-로새라'라고 한 점. 그러면 '-良(-로-)'·'羅(-새라)' 혹은 '-良(-로새-)'·'羅(-라)'인가? 둘째로 '良'과 '羅'의 음이 다르다는 점.

良 : liang (M). lǒng (C). *l*iang(A). riō (riau), rō(rau) (J).[64] 량平, 량上, 냥(한국한자음).[65]
羅 : lo (M). lo (C). lâ (A). ra (J).[66] 랑平, 라.[67]

이상과 같이 서로 다른 음을 가진 글자를 동일하게 읽는다는 것은 무리다. 고려 속요의 뒷받침이 있어 향가 해독의 기초가 될 수 있는 신라 「처용가」에 쓰인 '良'을 분석하여 본다.

① 제1구의 '月良' : '두라'는 음소론적 표기다. 이를 형태음소론적으로 적는다면 '月(둘) 良(ㄹ+아)'다.
② 제3구의 '入良' : '드라'는 음소론적 표기다. 이를 형태음소론적으로 적는다면 '入(들) 良(ㄹ+아)'다.
③ 제4구의 '四是良羅' : '너히라라'는 음소론적 표기다. 이를 형태음소론적으로 적는다면 '四(너ㅎ) 是(이) 良(ㄹ+아)羅(라)'다.
④ 제8구의 '奪叱-良-乙' : '앗-ㅅ-아-ㄹ>아살'은 음소론적 표기다. 이를 형태음소론적으로 적는다면 '奪(앗) 叱(ㅅ) 良(아) 乙(ㄹ)>앗알'

---

64) 칼그렌, 『한자 고음사전』. 176쪽. No. 541.
65) 남광우(1995), 『고금 한한자전』, 인하대 출판부. 146쪽. 출전은 생략하였으며, 음독자이기에 훈은 줄였음.
66) 칼그렌, 『한자 고음사전』. 184쪽. No. 569.
67) 남광우(1995), 앞의 책, 139쪽. 출전은 생략하였으며, 음독자이기에 훈은 줄였음.

이다.

이상으로써 신라 「처용가」에 쓰인 '良'의 음소론적 표기로는 '라'다. 그러나 이를 분석하여 보면 신라 「처용가」에서만도 네 가지로 나뉜다.68)

① 앞 단어(용언)의 어간 말음을 표시하여 주는 'ㄹ'+부사격 조사 '아'(현대 국어의 '에'에 해당됨).
② 앞 단어(용언)의 어간 말음을 표시하여 주는 'ㄹ'+(종속적/ 보조적) 연결어미69) '아'(현대 국어의 '-아/-게/-지/-고'의 '-아/-어'에 해당됨).
③ 앞 단어(용언) '是(이다)'의 어간 '이-'의70) 미래 혹은 회상(回想)을 뜻하는 'ㄹ'+선어말어미 '-아-'('-是良-'은 현대 국어의 '눈뜨고는 못 볼 참상일러라'의 '-일러-'에 해당됨).
④ 자음(叱 : ㅅ)으로 끝난 앞 단어(용언)의 어간[奪叱]+부정시제(不定時制)의 'ㄹ'71)+명사형성접미사 '알'.

이로써 '四是良羅'의 '良羅'는 겉으로는 같은 음의 '-라라'로 해독되지만 그 속뜻은 다름을 알 수 있다. '四-是-良-羅'는 '너ㅎ-이-ㄹ아-라'(현대 국어 '넷일러라')로 해독되어야 할 것이다.

---

68) 향가 전체를 조사하여 보면 더 다양한 분류를 할 수 있을 것이나, 이는 필자의 능력 밖의 문제다.
69) '入良(드라←들아)'의 '良'을 '들어서 내 자리를 보니'의 '-어서'로 보면 종속적 연결어미다. '-서-'를 빼고 '들어[入]~보니'의 '-어'로 보면 보조적 연결어미다.
70) '是(이다)'의 이 같은 서술 능력을 보면, 서술격 조사로 처리하고 있는 학교 문법은 재고할 바가 많음을 알 수 있다.
71) 부정시제의 'ㄹ'이라 함은 '클 거(巨)'·'흴 소(素)'·'갈 거(去)'·'마실 음(飮)' 등 용언 어미의 무시제의 'ㄹ'을 말함.

2.9. '誰支'의 '支' : '기'

'支'는 '기'로 읽는다. 그 이유는 다음과 같다.

① 闕支郡(신라) : 闕城郡(경덕왕. 신라) : 江城縣(고려) : (경남 산청군 단성면 일대)72)
② 結己郡(백제) : 潔城郡(경덕왕. 신라) : 潔城郡(고려) : (지금 충남 홍성군 결성면 일대).73) 悅己(縣) : 尹城縣(都督府 13縣). 悅己縣 (백제) : 悅城縣(경덕왕. 신라) : 定山縣(고려) : (지금 충남 청양군 정산면)
③ 基郡(백제)74) : 富城郡(경덕왕. 신라) : 富城郡(고려) : (지금 충남 서산군).
④ 奴斯只縣(백제) : 儒城縣(경덕왕. 신라) : 儒城縣(고려).
⑤ 只馬馬知(백제) : 支車縣(고려) : (지금 전북 익산군 금마면?)75). 只 彡村(백제) : 支潯縣(고려) : (지금 충남 예산군 대흥면).
⑥ 三支縣(一云 麻杖. 신라) : 三岐縣(경덕왕. 신라) : 三岐縣(고려).
⑦ 於支76)呑(一云 翼谷. 고구려).

위에 제시한 삼국의 지명으로 보아 각각 다음의 대응을 얻을 수 있다.

---

72) 이병도(1982), 『국역 삼국사기』, 을유문화사, 533쪽.
73) 이병도 앞의 책, 548쪽.
74) 백제의 '基郡'은 '富城郡'(경덕왕. 신라), '富城郡'(고려)으로 보아, 원래 '富基 郡'이 아니었을까?
75) 이병도 앞의 책, 571쪽.
76) '於支'를 '어기'로 읽는다. 이를 중세 국어 '엇게/ 엇개/ 엇기'(肩/ 臑/ 膞/ 胛/ 肩 膀/ 膀子)에 대응시키고 다시 중세어 '눌기/ 눌개/ 날기'(翼)에 대응하는 것으로 본다. 최범훈은 '於支'를 '엇'으로 읽고 있다. 최범훈(1985), 『한국어 발달사』, 통문관, 62쪽.

① 支 : 城. ② 己 : 城. ③ 基 : 城. ④ 只 : 城. ⑤ 只 : 支 ⑥ 支 : 岐. ⑦ 於支 : 翼.

이로써 '支/ 己/ 基/ 只/ 岐'는 모두 [ki]로 읽혔음을 알 수 있다.

따라서 '誰支'는 '누기'로 읽어야 함을 알 수 있다. 신라어 '누기[誰]'는 현대국어 '뉘[誰]'의 신라형으로 보인다. 모음간 [k]의 약화 탈락형이 '뉘[誰]'로 보인다. '誰支'의 '支'는 결코 지정문자(指定文字)[77] '支'의 오기가 아니다. '支'는 [ki]의 표기임이 확실하다.

2.10. '吾下', '誰支下'의 '下' : '알'

대부분의 선학들이 음독하였다.

'내해・네해・제해'의 '해'(양주동, 이탁, 지헌영, 김완진), 희(정열모), 하(홍기문, 서재극, 김준영)[78], 까(김선기), 이(소창).[79]

'下'가 '吾'나 '誰支'의 형태부가 아닌 이상 훈독하여야 하는 것이 향가 해독상의 순리다. '下'가 '내해・네해・제해'의 '해'를 뜻하는 의미부의 말임을 의식하면서도, '下'의 음에 매달리고 있음은 안타까운 일이다. 필자는 '下'를 훈독하여야 한다고 본다.

---

77) 지정문자(指定文字)란 '이집트 문자의 해독에 있어서 성공적인 해독에의 단서를 마련해 준 존재로 고유명사 표기 앞에 놓여 다음 단어가 고유명사임을 지시하면서 그 자체는 음독도 훈독도 되지 않는 존재'다(김완진, 『향가 해독법 연구』, 서울대 출판부, 37쪽).
78) 김준영(1996), 『향가문학』(형설출판사)의 축어역에서는 '하', '직역'에서는 '해'라고 하였음.
79) 소창은 '誰(누)支下(이)焉(언)古(고)(누이언고)'의 '下'는 '이'로, '吾(내)下是(이)如(다)馬(마)於(론)隱(내 이다마론)'의 '下'는 '吾(내)'의 말음쯤으로 풀었다.

김준영이 초기 저술에서 '下'의 훈에 유의하여 '알'이라고 한 것은 탁견이라고 본다. 한자 자전에서 '下'의 훈은 용언적 의미를 제외하면 대개 '아래(底部)', '아리'였다.80) 방향이나 위치를 뜻하는 '아래', '아리'의 어기는 '*알'이었을 것이다.81) 이 '*알'의 의미는 '다리(脚)', 혹은 '사타구니(股)'였을 것이다. 그것은 다음으로도 짐작할 수 있다.

중세국어 아래(下門) 〈*al, 에벤키 alals(脚/腿), 몽고 ala(사타구니), 고대토이기 al(下面), 중세토이기 altïn(아래).82)

*알(＜아래, 下)＜한국어＞, alas(脚)＜에벤키어＞, aldan(脚)＜에벤어＞, ala(사타구니)＜몽골어＞, al(前面)＜고대 터키어＞, alïn·alt(下部)＜현대 터키어＞,83) asi(足/脚)＜일본어＞, hül(足, 腿, 支柱, 土臺),84) hülun silbi(足)＜몽골어＞, ülmei(脚)＜몽골어＞, hül(股)＜몽골어＞,85) хөл(xul)(foot)＜몽골어＞,86) oul(本. 下 : moto), eši(本. 元 : moto)＜몽골어＞,87) эх[эн](eki-n)(本. 下 : moto)＜몽골어＞,88) höl, ölmei＜현대 몽골어＞.

이로 보면 우리 고대어에도 '脚', '股', '下部'를 뜻하던 'al'이 있었음을 유추할 수 있다. 그것이 '알', '아래', '아리'였을 것이다. '아래'가 여

---

80) 남광우(1995), 『고금 한한자전』, 인하대 출판부, 588쪽. '下' 참조.
81) '-래', '-리'의 모음 'ㅐ', 'ㅣ'는 방향을 뜻하는 처격형 혹은 'ㄱ'이 약화 탈락한 접미사였을 것이다.
82) 이기문(2007), 『신정판 국어사개설』, 태학사. p.26, 29.
83) 이철수(2002), 『국어사의 이해』, 명칭과학출판부, 54쪽 참조.
84) 일본 육군성(1971), 『몽고어 대사전 상』, 화몽지부. 164쪽.
85) 일본 육군성(1971), 『몽고어 대사전 하』, 화몽지부, 9쪽.
86) S. Senghee(1993), *English Mongolian Dictionary*, Улаанбаатар, 103쪽.
87) 일본 육군성(1971), 『몽고어 대사전 하』, 화몽지부, 730쪽 上. 이 경우 몽골어 대 한국어 사이에 's〉l'의 대응을 전제로 한다.
88) 小澤重男(1983), 『現代モンゴル語辭典』, 671쪽. 599. 이 경우 몽골어 대 한국어 사이에 'k〉l'의 대응을 전제로 한다.

자의 '하문(下門)'을 뜻하는 다음과 같은 좋은 문례가 있다.

아래 : 각시 더러본 아래 ᄀ린 거시 업게 ᄃ외니(月印 上 25).

여기서는 '알'로 해독한다.[89]

2.11. '本矣' : '믿들이 >믿드리'

선학들의 견해를 알아 본다.

1. 김택장삼랑 : pon-eui.
2. 점패방지진, 전간공작, 유창선, 신태현, 양주동, 방종현, 지헌영, 이기문, 김준영, 김근수, 김완진, 유창균, 양희철 : 본디.
3. 권덕규, 김상억 : 본대.
4. 소창진평 : 믿이.
5. 홍기문 : 아세. 아예.
6. 이탁 : 본의.
7. 정열모 : 본디.
8. 김선기 : 몯이.
9. 서재극 : *아리.
10. 박창원 : 미디.
11. 정창일 : 本의.
12. 고정의 : 미티.
13. 강길운 : 본듸(<*분듸=본시).
14. 신재홍 : 아익/ 애익.

---

[89] '沙 寢矣(내 자리)'와 '吾 下(나 알)'의 '沙'·'吾'를 둘다 훈독하여, 현대 한국어로는 동일한 대명사의 관형격이다. 그런데도 달리 표기한 것은 더 깊은 고찰이 필요한 것으로 보인다. 그렇다고 '沙'를 안이하게 강세첨사 '사'나 '사'로 해독해서는 안 된다.

이상을 크게 네 부류로 나눌 수 있다.

① 본디(pon-eui, 본대, 본디, 본의, 本의, 본듸).
② 믿이(몯이, 미터, 미터).
③ 아세/ 아예(아이/ 애이).
④ *아러.

이들 중 다수의 학자들이 해석하고 있는 '① 본디'는 이두 '本矣'의 읽음과 『계림유사』의 '본도(本道)'90)에 기댄 것으로 보인다. 그러나 향가를 적은 향찰과 이두는 그 시원(始源)과 연대가 다르다. '本矣'는 향찰식 독법의 대원칙인 역상불역하[譯上不譯下]의 방법으로 읽어야 한다. '② 믿이'는 '本矣'의 앞 글자는 자훈(字訓)에 따라 훈독하고 뒤 글자는 음독하는 원칙[譯上不譯下]을 지키면서, '本'의 일본 훈도 고려한 것으로 보인다. '③ 아세/ 아예'와 '④ *아러'는 '本'에 대한 기록 이전 언중이 생각하는 의미와, '矣'의 음에 충실하려 한 것으로 보인다. 그러나 문증이 빈약하다. 필자는 향찰 표기의 기본 원칙인 역상불역하(譯上不譯下)의 원칙에 따라 '믿드릭'로 해석한다. 즉 '本'은 훈독하여 '믿'으로 읽고, '矣'는 음독하면서 향가의 다른 곳에 쓰인 음을 준거하여 '의'로 읽는다. 그 근거는 다음과 같다.

① '本'의 훈과 대역(對譯)의 면에서
㉠ 믿
믿 본 : 本(類合 下63. 石千 28).
다믄 내 믿쳔만 갑고 : 只還我本錢(飜朴 上34).
자던 새도 믿가질 亽랑ᄒᆞᄂᆞ니(宿鳥戀本枝)(重杜解 4:11).

---

90) 不善飮曰 本道安里(/理)麻蛇('不善飮'을 '본디 아니 마샤'라고 한다.)(雞林類事) (양주동, 『고가연구』, 420쪽).

鮑蘇ㅣ 그위실 가아 다룬 겨집 어러늘 믿겨집 女宗이 싀어미롤
더욱 恭敬ᄒ야 孝道ᄒ며: 蘇仕偉三年而娶外妻女宗養姑愈敬(三
綱. 烈2 女宗知禮).
순지 믿고대 잇더니(月釋13:26). 순지 믿고대 잇더니 : 猶在本
處(法華 2：215).
순지 믿고대 이쇼문 : (法華2:216). 그저 믿고대 이시며 : 故在
本處(法華 2：219).
다 믿근원을 갑폴이를 알아눌 : 皆知報本(飜小 7：6).
禮節이 ᄀᆞᄅ치논 믿근원이며 : 禮爲敎本(飜小 8：27).
믿나라해 마초아 向ᄒ니 : 遇向本國(법화 2：183).
믿나라해 도라와 : 還到本國(阿彌 9).
漸漸 돈녀 믿나라해 오니 : 漸漸遊行遇向本國(圓覺序 46).
一家의 親ᄒᆞᆫ 이는 이 세 ᄯᆞ롬이니 일로븓터 뼈 가모로 九族애
니르히 다 세 가짓 親에 믿드더연ᄂᆞ니 : 一家之親此三者而已
矣自玆以往至于九族皆本於三親焉(宣小 5：70).
돈 밧고와도 믿디디 아니면 홀 거시니 : 換錢不折本(飜老 上65).
그 道ᄂᆞᆫ 반드시 人倫예 믿불휘ᄒᆞ예셔 : 其道必本於人倫(飜小 9：13).
ⓒ 밋
포쇠 구실 가 다룬 겨집 어러놀 밋겨집 녀종이 싀어마님을 더
옥 공경ᄒ야 : 蘇仕衛三年而娶外妻女宗養姑愈敬(重三綱. 烈2).
밋남진 廣州ㅣ 쏘리뷔 쟝ᄉ 소디남진 그놈 朔寧의 잇뷔 쟝ᄉ
(古時調. 靑丘).
밋쳔 : 본전(譯解補 38).

이상으로 '本'은 '믿/ 밋'으로 대역되었으며, 복합어도 만들었음을 알
수 있다. 더구나 우리가 추구하고 있는 '本矣'의 뜻('본디')에 걸맞은
'믿드리'가 중세국어에 다음과 같이 보이고 있음은 대단히 고무적이다.

오온 모미 잇논 바 업다 疑心 말라 이 집 活計ᄂᆞᆫ 本來 뷔니라 =
莫訝通身無所有ᄒᆞ라 伊家活計ᄂᆞᆫ 本來空ᄒᆞ니라[三四句ᄂᆞᆫ 믿드리 조ᄒᆞ

야 凡情과 聖解왜 다 업서 죠고맛 것도 다 바사 브릴 시라](南明集諺解 上30~31).

위의 '믿드리'는 신라 「처용가」의 '*믿들의'가 연음화(延音化)와 모음 사이에서 [ㄹ] 탈락[91], 중자음 탈락의 과정을 겪었다고 본다.

  *믿들의>믿들이>믿드리>믿드이>미드이>미듸>(어원에의 회귀) 본디(本-).

이 '믿들의/믿드릐/믿드리'는 '믿들(本)+의/이(접미사)'로 분석된다. '믿들(本)'은 '밋(註千), 밑(類合,光千,石千), 근본(字類), 밋둥(釋要), 밋동, 뿌리, 알에, 밋절미(新字)'와 유의어(類義語)로 보인다. '믿들(本)'은 특히 '밋둥', '밋동', '밋절미'의 고형(古形)으로 보인다. '矣'는 '의'(東5:24 b), '의'(飜小8:4, 宣大10)로 보아 음차자일 것이다. '本矣(믿드리)'에 들어 있는 '本(밋/밑)'은 '脚烏(허튀)'·'吾下(나/내 알)'의 '下(알/아래)'와 중의적(重意的)이다.

이상과 같은 변화를 겪어, 신라어 '믿들의'는 중세국어 '믿드리'를 유지하다가 현대어 '본디/본디'(本-)로 변했다고 본다. 또 '本'의 동사 기본형은 '믿드디다'[92]인 것으로 보인다. 혹은 '木下(밋둥)[93]+(矣)이'일

---

91) 모음 사이에서[ㄹ]탈락 현상은 '누리'>'뉘'(世), '나리'>'내'(川)가 되는 것처럼 국어에서 일반적인 현상이다. '본디'(本-)와 유의어인 '본래'도 '本來'라는 한자어 기원의 말이 아니라 '본디'의 'ㄷ'가 유성음 사이에서 'ㄹ'가 된 것으로 보인다. 물론 중세 문헌에는 '本來'가 한자 기원의 말인 것처럼 한자로 쓰인 용례가 많기는 하다. 실제로 백거이의 시에도 '本來'가 '원래(原來)'의 뜻으로 나온다. [白居易·白髮詩]況我今四十 本來形貌羸. 그러나 '本來'와 '본디/본디'의 연결을 고려하면 문제가 있다.
92) 믿드디다 : 근본으로 삼다. 근거하다. 호 집안해 친호 거슨 이 세 ᄯᆞᄅᆞ미니 일로 브터 九族애 니르히 다 이 세 가짓 친호디 믿드뎌엿ᄂᆞ니(飜小 7 : 38). 一家의 親호 이는 이 세 ᄯᆞᄅᆞ미니 일로븥터 뻐 가모로 九族애 니르히 다 세 가짓 親에 믿드뎌ᄂᆞ니 : 一家之親此三者而夷矣 自玆以往于九族皆本於三親焉(宣小 5 : 70).

것으로 보인다. 이 같은 점에서 볼 때 '믿이'(소창), '몯이'(김선기), '미더'(박창원), '미터'(고정의)의 해석은 신라어에 근접한 견해라고 본다. 다만 '미터'(고정의)는 신라시대에 유기음이 있었느냐의 여부를 밝힌 후에 그 타당성이 증명될 것이다. 학계의 통설은 유기음 존재설에 긍정적인 듯하다. 그러나 위에 예시한 문증과 같이, '믿'으로 적혀 있고, 이 '믿' 다음에 'ㅌ'음이 하나도 오지 않았음은 유의할 바다. 물론 이 같은 현상은 '믿/ 밋' 다음에 자음 초성의 음절이 온 탓도 있을 것이다.

  믿본, 믿쳔, 믿가지, 믿겨집, 믿곧, 믿근원, 믿나라ㅎ, 믿드디다, 믿디다, 믿불휘, 밋겨집, 밋남진, 밋쳔.

 '本矣'는 그 통사적 위치로 보아 문장부사로서, '矣'는 고대국어의 명사 또는 부사형성 접미사의 잔영으로 보인다. 따라서 '本矣'의 정확한 신라 어형은 '*믿들의'였을 것으로 보인다.

  모미 크긔 ᄃᆞ외야 虛헝空콩애 ᄀᆞ득ᄒᆞ야 잇다가 쏘 젹긔 ᄃᆞ외며(釋譜 六 34A).

 위의 '크긔', '젹긔'의 '-긔(-의)'는 기원적으로는 명사 형성 접미사다.[94] 신라 「처용가」의 '明期 月良'에 해당하는 부분을 고려 「처용가」에서는 '불ᄀᆞᆫ ᄃᆞ래'라고 하였다. 그러나 신라 처용가 '明期'의 '期'의 음은 '긔'다. 이로 미루어 보면 향가 처용가에서 '明期'는 명사형 '볼긔'로 읽어야 할 것이다.

---

93) 本 木下 밑둥 본(字典釋要 상 62a).
94) 전술한 바와 같이 중세어에서 형용사의 명사 형성법은 '노픠, 기릐'처럼 형용사 어간에 접미사 '-의/-의'를 붙인다. 이에 반해 부사 형성법은 '져기, 불기, 키'처럼 형용사 어간에 접미사 '-이'를 붙인다. 그러나 '本矣'는 명사성을 띈 문장부사로서 '*믿들의>믿드릐'로 해독되어야 할 것이다.

2.12. '馬於隱' : '물언 > ᄆᆞ런'

2.12.1. '馬' : '물'

① 伊山郡 本百濟馬尸山郡 景德王改名 今因之(삼사 권36).
② 馬尿木(萌藋 鄕名)(鄕救 下). 馬乙(藻菜[水中])(鄕救 中). 萌藋(삭조) 물오좀나모 接骨木(一名)(東湯3-18b).
③ 젼 ᄆᆞ리 현 버늘 딘ᄃᆞᆯ : 爰有蹇馬雖則屢躓(용가 31장). 물 톤 자히 건너시니이다 : 乘馬截流. 물 톤 자히 ᄂᆞ리시니이다 : 躍馬下馳(용가 34장).
④ 물곳비: 轡(物譜 牛馬). 믈구87) 믿드디다 : 근본으로 삼다. 근거하다. ᄒᆞᆫ 집안해 친ᄒᆞᆫ 거슨 이 세 ᄯᆞᄅᆞ미니 일로브터 九族애 니르히 다 세 가짓 친ᄒᆞᆫᄃᆡ 믿드더엿ᄂᆞ니(飜小 7 : 38). 一家의 親ᄒᆞᆫ 이ᄂᆞᆫ 이 세 ᄯᆞᄅᆞᆷ이니 일로브터 뻐 가모로 九族애 니르히 다 세 가짓 親에 믿드더연ᄂᆞ니: 一家之親此三者而已矣自玆以往至于九族皆本於三親焉(宣小5:70). 슈 : 馬槽(訓蒙光文會板 中12 槽字註). 皁隷는 물구종이라(家禮 10 : 49).

①의 '馬尸'에 의해 고대국어에서도 '馬'를 뜻하는 말의 말음이 'ㄹ'음을 가졌음을 알 수 있다. ②~④에 의해 '馬'를 뜻하는 말이 '물'임을 알 수 있다.

2.12.2. '於隱' : '언'

'於'는 '어', '隱'은 'ㄴ'을 표기하려는 것. 따라서 '馬於隱'는 '물언>ᄆᆞ런'의 표기임을 알 수 있다.

2.13. '奪-叱-良-乙' : '앗-ㅅ-아-ㄹ' > '아살'

'奪叱'의 '叱'은 'ㅅ'의 표기95)로서 선학들이 이미 밝힌 '앗(奪)'의 말음첨기다.96) '乙'은 명사 형성 접미사로서 '[l](ㄹ)'의 표기로 보인다. 그러면 '奪叱良乙'은 '엇다ᄒ(何如爲)'의 목적어97)로서 명사형이 되어야 한다. 그것은 '奪叱(앗)'+'良乙(알)'로서 동명사일 것이다. '奪叱(앗)'의 말음 [ㅅ]는 고대국어(신라어)에서 '치성(齒聲)'이 들리는 외파음이었을 것이다. 따라서 '奪叱良乙'을 축자적(逐字的)으로 해독하면 2음절인 '앗알'이다. 그러나 '奪叱(앗)'의 말음 [ㅅ]의 치성이 들리는 외파음 때문에, '奪叱良乙(앗스알)'은 3 모라(mora)98)처럼 사용했을 것이다.99) '奪

---

95) 최남희는 '叱'과 '嘯'의 신라 한자음을 「속(suk)」으로 보고, '叱'의 소릿값을 '[sV] 또는 [sa] 정도'로 보고 있다. 최남희(1994), 「고대 국어 자료 '叱'의 소릿값과 기능」, 한글 학회, 『한글』 제224호, 5~6쪽.
96) 고대국어에서 종성에 오는 [ㄱ], [ㄷ], [ㅂ], [ㅅ]의 내파화가 이루어지지 않았다는 것은 학계의 정설이다. '奪叱'의 '叱'이 'ㅅ'의 표기로서 '앗(奪)'의 말음첨기라고 하더라도, 치성(齒聲)의 [ㅅ] 소리가 났을 것이다. 고대 한국어에서 종성의 [ㅅ]가 외파(外破)하는, 치성이 들리는 '[앗][奪叱]'은 현대의 표기로는 '[아스]'쯤일 것이다. 따라서 '奪叱良乙'은 '앗스아르>아스알>아살'의 변화 과정을 표기한 것으로 보아야 할 것이다. 이것은 『훈민정음 해례본』이나 『국역 훈민정음』에 보이는 문자로서의 훈민정음을 읽을 때 당시의 음을 추정하여야 함과 흡사하다고 할 수 있다. 즉 같은 글자라 하더라도 '훈민정음' 당시의 글자와 현대 한글의 글자는 달리 읽어야 할 것들이 많다. 예 : 에, 삿, 산 등.
97) 최남희는 앞의 논문에서 '奪叱良乙'을 '임자말'로 보고 "현대어로 바꾸면 음이' 또는 '빼앗는 것이' 정도로 해석"하고 있으나(앞의 논문, 23쪽), '(何如爲)'의 타동사 'ᄒ(爲)'의 목적어로 보아야 할 것이다.
98) 모라(mora)란 성조 언어에 대하여 음절(syllable)보다도 짧은 단위로서다. 대체로 단모음을 가진 음절의 길이를 한 모라로, 장모음을 가진 음이를 두 모라로 본다(이기문(1978), 『국어사 개설』, 탑출판사, 254쪽).
99) 여기 '사용했을 것'이란 말은 고대국어 사용자들이 '말하고 듣고 읽고 을 것'이란 말이다.

叱(앗)'의 '叱'은 의미부 '奪'을 뜻하는 말의 말음 첨기 'ㅅ'의 표기다. 말음 [ㅅ]의 치성은 뒤에 오는 '良乙(알)'과 연결되어 '奪叱良乙(앗ㅅ아ᄅ→아살)'이 되었을 것이다. '奪叱良乙(아살)'의 '乙(ᄅ)'은 명사형성 접미사(혹은 동명사 형성 어미)로서 목적격 조사 '르/을/를'을 생략(혹은 내포)한 제로격(∅)으로서의 목적격이라고 볼 수 있다. 따라서 '奪叱良乙(앗알→아살)'은 목적격이다.100) 그 뜻은 현대국어로 '앗음을'을 뜻하는 말이다. '奪叱良乙'이 '아살'로서 명사형임은, 중세국어에서 명사적으로 쓰인 다음의 '다옰', '슬픐'과 유사한 것으로 보인다.101)

流布호디 다옰업시 호리라 : 流布無窮(楞解 1 : 4).
다옰업슨 긴 ᄀ라몬 니섬니서 오놋다(杜解 10, 35).
놀애롤 노외야 슬픐업시 브르ᄂ니 : 歌莫哀(初杜解 25 : 53)102).

이와 같이 '奪叱良乙'의 '良'을 '아'의 약음차(略音借)로 보아 '奪-叱-良-乙'을 '앗-ㅅ-아(ㅏ)-ㄹ'로 해독하면 간단해진다. 그러나 이는 한 작품 속에서도 동일한 글자를 달리 해석하는 무리를 범하는 것이 된다. 향가의 모든 작품에 나타난 동일한 글자를 동일한 음으로 해독하는 이른바 '일자일음주의'는 이상적이다. 그러나 현실적으로 불가능한 일임은 이미 밝혀진 바다. 향가 창작 당시에 철저한 표기법의 통일을 기대할 수 없을 뿐만 아니라 작가 및 작품 발생 연대에 따라, 음운·어휘·문법의 변화를 고려해야 하기 때문이다. 적어도 향가의 작가에 따라

---

100) '앗랄'·'아사랄'을 '앐랄'·'아ᅀᅡ랄'로 표기하지 않았음은 다음과 같은 이유에서다. 첫째로 음운사상 /ㅅ/>/ㅿ/>/ㅇ/의 변화를 인정한다 하더라도, 고대어(신라어)에서는 /ㅅ/ 음운을 사용했을 것이란 점, 둘째는 [ㅅ]음은 모음 사이 또는 유성음 사이에서도 유성화하지 않는다는 점에서다.
101) 물론 '奪叱良乙(앗알)'이 목적격인 데 대하여, '다옰', '슬픐'은 주격이다.
102) 진한 부분의 뜻은 각각 '다함(이) 없이', '다함(이) 없는', '슬픔(이) 없이'일 것이다.

'표기의 경향성'이[103] 있음은 향가 해독을 시도해 본 사람이면 누구나 느끼는 바임을 부인할 수 없을 것이다.

3. 결론

이제 결론에 대신하여 이제까지 문제 삼아 온 부분의 해독을 정리하여 본다.

(향찰 표기 향가)	(축자 해독 향가)	(고려 처용가)
東-京-明-期-月-良	東-京-붉-긔-둘-아	東京 볼군 도래
夜-入-伊-遊-行-如-可	새-들-이-놀-녈-다-가	새도록 노니다가
入-良-沙-寢-矣-見-尼[104]	들-아-내-잘-이-살-니	드러 내 자리를 보니
脚-烏-伊-四-是-良-羅	허-투-이-너ㅎ-이-아-라	가르리 네히로새라
二-肹-隱-吾-下-於-叱-古	두흘-(홀)-은-나-알-어-ㅅ-고	(아으) 둘흔 내해어니와
二-肹-隱-誰-支-下-焉-古	두흘-(홀)-ㄴ-누-기-알-언-고	둘흔 뉘해어니오
本-矣-吾-下-是-如-馬-於-隱	믿들-의-나-알-이-다-몰-어-ㄴ	

---

103) '표기의 경향성'이란 고려 향가와 신라 향가의 음운·어휘·문법의 변화를 전제한 양자 간의 차이는 물론, 같은 신라 향가라 하더라도 창작 연대 및 작가에 따라 표기 경향이 다를 수 있음을 의미한다. 대체적으로 어떤 한자들은 훈독용(訓讀用)으로 의미부에 쓰이고, 어떤 글자들은 음독용(音讀用)으로 형태부에 쓰이는 일반적인 규칙이 있었을 것이다. 이와 유사한 정리 작업을 한 것이 설총의 공로일 수도 있다. 이는 같은 단어의 의미부를 훈차한다 하더라도 작가와 시대에 따라 다른 한자를 사용할 수 있을 것이다. 또 같은 음을 가진 형태부를 음차한다 하더라도 작가와 시대에 따라 다른 한자를 사용할 수 있기 때문이다. 이것은 바로 혼란을 의미할 수도 있다. 그리하여 동일 시대 동일 작가에게서는 하나의 경향성을 띨 수도 있을 것이다. 예를 들면 주로 훈차 표기에 쓰이는 자들이 있고, 주로 음차 표기에 쓰이는 자들이 암묵적에 정해져 있고, 이들 글자들은 비교적 생활에 밀접하게 사용되었던 쉬운 글자들이었을 것이다.

104) '見尼'는 '見昆'을 수정하여 보인 것이다. 아래의 '見尼'도 같다.

奪-叱-良-乙-何-如-爲-理-古 앗-ㅅ-아-ㄹ-엇-다-ㅎ-리-고

	(어절로 끊어 읽기)	(통석)
東京-明期-月良	東京-볼긔-ᄃ라	東京 밝은 달에
夜入伊-遊行如可	새들이-놀녈다가	(밤)새도록 노니다가
入良-沙-寢矣-見尼	ᄃ라-내-자리-살니	(방에)들어 나의 자리(를) 보니
脚烏伊-四是良羅	허튀-너히아라	장딴지(가) 넷이어라
二肹隱-吾-下於叱古	두흘은-나-알105)엇고	둘은 나의 장딴지였고106)
二肹隱-誰支-下焉古	두흘은-누기-알언고	둘은 누구의 장딴지인고
本矣-吾-下是如 馬於隱	믿드릐-나-알이다-ᄆ런	본래 나의 장딴지다만
奪叱良乙-何如-爲理古	아살107) 엇다-ᄒ리고	앗음을 어찌 하리꼬?108)

<참고 문헌>

강길운. 2004. 『향가 신해독 연구』. 한국문화사.
_____. 2000. 『국어학 논문집』. 공주대학교 출판부.
_____. 2004. 『고가요의 주석적 연구』. 한국문화사.

---

105) '下[알]'이나 '脚烏伊(허튀)' 둘 다 무릎 아래의 신체 부분만을 지칭함이 아니다. 실은 성기를 뜻함은 물론이다. 둘 중에 '吾 下[나 알]'은 구체적으로 처용처의 성기를 의미하고 있다.
106) 과거시제를 나타내는 'ㅅ(叱)'의 사용은, 빼앗겨서 지금은 나의 다리가 아님을 나타낸 것이다.
107) '奪叱(앗)'은 치성(齒聲)이 들리는 외파음으로 읽어야 할 것이다. 즉 '奪叱良乙(앗알)'은 3모라로서 흡사 '아스알'처럼 읽어야, 「처용가」의 운율에 맞는 충실한 독법이 될 것이다.
108) "本矣~何如-爲理古"는 "본래 나의 다리이지만 이제는 빼앗겼으니 어찌할 수 없다."는 체념이나 포기를 뜻하는 말이 아니다. 물각유주(物各有主), 사물은 다 그 임자가 있기 마련이다. 어찌 그 정당한 임자로부터 부당한 빼앗음이 있을 수 있으리요? 그럴 수 없는 일이다. 아이러니를 통한 강한 부정이다. 이것은 이기문이 일찍이 밝힌 바다. '奪叱良乙何如爲理古(아사랄-엇다-ᄒ리고)'에 보이는 의문형 어미 '-古(-고)'는 중세어 설명의문문의 '언논 藥이 므스것고'의 '-고'의 소급형으로 보인다.

김경수 외. 2005. 『처용은 누구인가』. 도서출판 역락.
김상억. 1974. 『향가』. 한국자유교육협회.
김완진. 1981. 『향가 해독법 연구』. 서울대학교 출판부.
김준영. 1980/1996. 『향가문학』. 형설출판사.
남광우. 1995. 『고금 한한자전』. 인하대학교 출판부.
_____. 1997. 『고어사전』. 교학사.
서재극. 1975. 『신라 향가의 어휘 연구』. 계명대학교 한국학연구소.
송기중. 2004. 『고대국어 어휘 표기 한자의 자별 용례 연구』. 서울대학교 출판부.
양주동. 1970. 『증정 고가 연구』. 일조각.
_____. 1947. 『여요전주』. 을유문화사.
유창균. 1994/1996. 『향가비해』. 형설출판사.
이기문. 1978. 『국어사 개설』. 탑출판사.
_____. 2000. 『신정판 국어사 개설』. 태학사.
이병도. 1982. 『국역 삼국사기』. 을유문화사.
이은규. 2006. 『고대 한국어 차자표기 용자 사전』. 제이앤씨.
이철수. 2002. 『국어사의 이해』. 명칭과학출판부.
전규태. 1979. 『논주 향가』. 정음사.
정열모. 1965. 『향가 연구』. 사회과학원출판사.
정창일. 1987/1993. 『향가 신연구』. 홍문각.
지헌영. 1947. 『향가여요 신석』. 정음사.
처용 간행위원회 편. 2005. 『처용 연구 전집(Ⅰ~Ⅳ)』. 도서출판 역락.
최남희. 1994. 「고대 국어 자료 '叱'의 소릿값과 기능」. 한글 224. 한글학회.
홍기문. 1956. 『향가 해석』. 과학원.
小倉進平. 1929. 『향가 급 이두의 연구』. 경성대학 문학부기요.
『小倉進平 著作集(一)』. 1973. 경도대학 국문학회.
일본 육군성. 1971. 『몽고어 대사전』. 화몽지부. 몽화지부.
단국대학교 동양학연구소. 2008. 漢韓大辭典.
諸橋轍次. 1960. 『大漢和辭典』. 大修館書店.
B. Karlgren. 1975. 『한자 고음 사전』. 한국학 고사전 총서 4. 아세아문화사.

고려가요 〈이상곡〉(履霜曲) 新考

一. 서론
二. 필자의 견해
　1. 서린 석석 사리 : '서린', '석석', '사리'의 세 단어로 된 범어에서 온 말이다
　2. 다롱 디우셔 마득사리 마득너즈세 너우지
　3. 기타 어휘의 주석
　4. 통석
　5. 몇 가지 추론 및 의문

一. 서론

　〈이상곡〉에는 다른 고려가요에서 볼 수 없는 후렴구가 아닌 듯한 구가 들어 있다. 그것은 제1련 제3구에 들어 있는 '다롱디우셔 마득사리 마득너즈세 너우지'다. 이외에 필자는 제1련 제2구에 들어 있는 '서린 석석사리'에 대해서도 같은 생각을 가지고 있다. 본고는 이들에 대한 필자의 견해를 먼저 밝히고, 이를 중심으로 하여 〈이상곡〉 전체에 대한 새로운 풀이를 하는 데 그 목적이 있다. 선학들의 견해를 알아본다.

　1. 양주동[1]
　　1) 서린 : 「서리」반(盤·蟠)의 연체형(連體形).

2) 석석사리 : 미상(未詳). 하마 「수림(藪林)」의 의(義). ※경주지방 현행방언은 「관목(灌木)의 지간(枝幹)이 얼크러진 수림(藪林)」을 「석석사리」라 함.2)
3) 다롱디우셔 : 악음(樂音)에 의(擬)한 사설(辭說).
4) 마득사리 마득너즈세 너우지 : 장단(長短)을 맞초기 위한 사설(辭說). 아마 범어(梵語) 진언(眞言)의 해학적 의어(諧謔的 擬語). ※첫새벽 눈만히 온 수림중(藪林中)을 지나가는 무서운 기분(氣分)을 내기 위(爲)하야 진언(眞言)을 송주(誦呪)하는 양 해학적(諧謔的)으로 부르는 사설(辭說).

2. 홍기문3)
1) 서린 : 「서리다」란 말 아래 「ㄴ」를 붙인 것이다.
2) 석석사리 : 「석석」으로 미루어 의성의태어에서 나온 말 같으나 해당한 현대어가 발견되지 않는다. 혹은 경주 방언에서 관목이 얼클어진 곳을 가리키는 말이라고 하나4) 심히 부정확하다. 단지 우 아래 문맥으로 보아서는 그런 숲으로 해석하는 편이 타당하다. 아직 그 해석을 좇아 둔다.
3)4) 다롱디우셔~너우지 : 무의미한 음절의 결합임에만은 틀림없으나 「ㅁ」의 두음과 「ㄱ」의 말음을 등장시킨 등이 확실히 다른 점이다. 불교의 진언(眞言)을 흉내 낸 것이라고 보는 견해5)가 자못 근리하다

---

1) 양주동(1963), 여요전주, pp.350~351.
2) 필자의 과문이겠지만 이 같은 의미를 가진 방언으로서의 '석석사리'는 현재까지의 방언 수집 결과에서 찾을 수 없었음이 유감이다. 여느 방언사전에서는 물론 비교적 충실한 경상도 특히 경주지역 방언사전에서도 「관목(灌木)의 지간(枝幹)이 얼크러진 수림(藪林)」을 뜻하는 방언 「석석사리」는 찾을 수 없었다. '경상도 특히 경주지역 방언사전'이란 다음을 뜻한다.
이상규(1994), 경상북도방언자료집, 경북대학교 인문과학연구소, 경상북도 문화체육과.
김주석·최명옥(2001), 경주 속담·말 사전, 한국문화사.
그러나 위의 방언사전들이 최근의 경상방언을 모은 것이어서 양주동이 접했던 방언과는 적잖은 시차가 있음을 고려해야 함은 물론이다.
3) 홍기문(1996), 고가요집, 한국문화사. pp.334~335.
4) 위의 양주동의 견해를 지칭하는 듯하다.

3. 지헌영[6]

　　1) 서린 : 서린[반(盤)], 엉크러진.

　　2) 석석사리 : 만수(蔓藪). 가늘은 풀이 욱어진 것.

　　3) 마득사리 : "석석사리"와 같은 관목총수(灌木叢藪).

　　4) 마득너즈세 : 마득너덜에, 마득사리 산란(散亂)[7]한 곳에.

　　5) 너우지 : 넌즛이[은밀(隱密)히]?

4. 남광우

　　1) 서린 : <이상곡>에 '서리[상(霜)]가 등장해야 될 것이 아닌가' 하는 이유로 '서리[霜]는'으로 본다.

　　2) 석석사리 : 고래로 설상가상(雪上加霜)이라는 말도 있거니와 눈 온 위에 다시 서리가 덮인 것이니 "석석사리"는 정석가(鄭石歌)의 "삭삭기 셰몰애 별헤나는"의 "삭삭기"가 모래의 "바삭바삭" 소리를 상징한 것이라면 이것은 "버석버석"하는 눈 위에 다시 서리가 덮여 얼어붙은 위를 걷는 발자욱 소리를 상징한 것[8]으로 본다.

5. 장효현

　　1) 서린 : '서리[霜]' <명사>+'-ㄴ' <조사>. 이 조사는 다른 동류(同類)와의 비교 구별을 짓기 위해 그 체언에 제한을 갖게 한다.

　　2) 석석 : '바삭바삭', '푸석푸석', '서걱서걱'의 의미를 지닌 의태어, 의성어.

　　3) 사리 : '어렵사리', '쉽사리'의 '-사리[sari]'와 같은 부사화접미사.

　　4) 다롱디우셔 마득사리 마득너즈세 너우지 : 다롱디우셔(어우러

---

5) 위의 양주동의 견해를 지칭하는 듯하다.
6) 지헌영(1947), 향가여요신석, (정음사), pp.107~108.
7) 먼저 논문에서 원문의 '散亂'을 복사본의 희미한 글자로 인해, '數亂'으로 보고 '촉란'으로 읽은 과오를 여기에서 시정한다. 원본을 구하여 보니 분명히 '散亂'으로 되어 있다.
8) 남광우, 국어학논문집, 고가요에 나타난 난해어에 대하여, (서울: 일조각, 1960), p.342.
　　____, 고려가요 어석상의 문제점에 관하여, 『고려시대의 언어와 문학』, (대구: 형설출판사, 1975), p.63.

지게 하시어) + 마득[집(集)·취(取)·개(皆)]의 의미를 지닌 부사형) + 사리('마득'에 결합되어 부사화시켜 주는 부사화 접미어) + 마득너즈세(마득 <부사형 접두어> + 너즛 <명사> + 에 <처격조사>) + 너우지(너붓이)로 본다. 이상을 통석하면 '어우러져 모이어 온통 너저분한 모습에'로 본다.9)

6. 김완진
   1) 서린 : 언급 없음.
   2) 석석사리 : '정석가'에 나오는 '삭삭기 셰몰애'의 '삭삭'과 ≪제주어 사전≫에 나오는 '석석'10)을 음성상징론으로 대비시킨다. 그 후, '정석가'의 '삭삭기'가 제주방언의 '석석'에 해당하는 것이라고 한다. 그러나 이 '석석'이 '이상곡'에 나오는 '석석사리'의 '석석'에까지 관계될 수 있는 것인지는 말하기 어렵다고 한다.11)

7. 김창룡12)

'이상(履霜)'이란 자체가 중국 고전에서 온 것임을 밝히면서 <이상곡>이 '독자적 혹은 자생적인 바탕에서 발생되어진 것이 아님'을 밝히고 있다.13) 그는 <이상곡>의 '내용의 주제가 과부노래임

---

9) 장효현, 「이상곡」 어석의 재고, 어문논집 22. (고려대학교 국어국문학연구회, 1981).
   _____, 「이상곡」 생성에 관한 고찰, 국어국문학 92호, (1984).
10) 석석 :[부]뜨거웠던 것이 서늘해진 모양.
11) 김완진, 향가와 고려가요, (서울대학교출판부, 2000), pp.339~340.
12) 김창룡의 논문 「<이상곡>의 비교문학적 고찰」, 『민족문화』 제5집, (한성대학교 민족문화연구소, 1990)은 <이상곡>연구에서 가장 밀도 높은 논문이다. 이 논문은 단행본 『우리 옛문학론』(서울: 새문사, 1999)에 실려 있어 여기서 인용하기로 한다.
13) 김창룡은 '이상(履霜)'이란 말이 『시경(詩經)』·『주역(周易)』·『예기(禮記)』에 나와 있음을 자세히 설명하고 있다. 앞의 논문 pp.8~10. 앞의 책 pp.293~294. 또 여요 <이상곡>과 중국의 고전작품과 대비하면서 그 영향관계를 설명하고 있다. 중국 고전작품이란 윤길보(尹吉甫)의 아들 윤백기(尹伯奇)가 지었다는 <이상조(履霜操)>, 정이(丁廙) 처의 <과부부(寡婦賦)>, 반악(潘岳)의 <과부부(寡婦賦)>, 한유(韓愈)의 <이상조(履霜操)>를 말한다. <이상곡>이 중국 고전작품의 영향 하에 이루어진 것이라 하더라도 직접적 이식이 아닌 환골탈

은 물론이려니와, 내용 흐름의 체계가 저 중국의 위진(魏晋)시대에 몇몇 문인들이 과부의 비애를 다룬 부(賦) 형식의 몇 종 작품과 문득 닮아 있다'고 한다. 그리하여 '궁극적으로는 저 정이(丁廙)의 처(妻)와 반악(潘岳)이 지은 <과부부(寡婦賦)>에 그 연원이 있음'14)주장하고 있다.

1) 서린 석석사리 : 서리어 있는 숲.15) 따라서 '서린 석석사리 조 본 곱도신 길'의 의취는 '수림(藪林) 서려 있는 험한 저승길'로 본다.16)
2) 다롱디우셔 마득사리 마득너즈세 너우지 : '주문 같기도 하고 중간 염(斂) 같기도 한 이 부분'17)의 '마득사리'의 '마득'을 현대어 '마뜩하다'의 '마뜩'과 관련시킨다. '마득너즈세 너우지'도 '당장의 천명이 어려울 뿐 반드시 무엇인가 유의미한 언어라 생각'된다.18)

이상의 견해들을 요약하면 다음과 같다.

① 대체로 양주동의 견해를 따르고 있다.
② '서린 석석사리'에 대하여는 예외 없이 고유어로 해석하고 있다.
③ '다롱디우셔……너우지'는 범어 진언의 해학적 의어(諧謔的擬語)라

태의 과정을 거친 작품임을 유의하여야 할 것이다. 그렇다면 <이상곡>의 해석을 위하여 위의 중국 고전작품을 참고하여야 함을 부인할 수는 없을 것이다 그러나 똑 같은 방법으로 해석하여서는 안 될 것이다.
14) 김창룡, 『우리 옛문학론』, (서울: 새문사, 1999).
_____, 「<이상곡>의 비교문학적 고찰」, p.334.
15) 김창룡, 『우리 옛문학론』, p.308.
_____, 「<이상곡>의 비교문학적 고찰」, p.24.
16) 김창룡, 우리 옛문학론, 새문사, p.309.
_____, 「<이상곡>의 비교문학적 고찰」, p.25.
17) 김창룡, 『우리 옛문학론』, 새문사, p.314.
_____, 「<이상곡>의 비교문학적 고찰」, p.30.
18) 김창룡, 『우리 옛문학론』, p.315.
_____, 「<이상곡>의 비교문학적 고찰」, p.32.

고 한 양주동의 견해와, 좀 의심스럽다는 견해와, 모두 고유어라고 한 세 가지 견해로 갈린다. 그러나 최근에는 유의미한 말일 것이란 견해가 대두되고 있다.

③의 고유어라고 푼 견해는 그 어학적 기초가 미약하다. 앞뒤의 맥락을 억지로 맞추려고 한 혐의가 짙다. '범어 진언'이라고 한 견해는 아무러한 자료를 제시하지 않고 있는 것이 실정이다.

二. 필자의 견해

필자는 제1연 제2행[19]의 '서린 석석사리'와 제3행의 '다롱디우셔⋯⋯너우지'를 범어의 음역으로 본다.

1. 서린 석석 사리 : '서린', '석석', '사리'의 세 단어로 된 범어에서 온 말이다

1) 서린 : (집을 가져서) '많이 갖춘, 정통해 있는, 현저한'을 뜻하는 범어 형용사 'sâl-in'의 음역이다.[20]

---

19) 여기 연과 행의 구분과 지칭은 우선 양주동의 분류(『여요전주』 p.348 '이상곡')를 따른다. 그러나 이 논문이 다 끝나면 그 행의 구분에 수정할 부분이 있음을 알게 될 것이다. 미리 말한다면 양주동의 제1연 제2행을 나누어 '서린 석석 사리'로 띄어쓰기하면서 제2행에 놓고, '조본 곱도신 길헤'는 제3행으로 보내야 한다. 그 이유는 뒤에 설명될 것이다.

20) Arthur Anthony Macdonell, A Practical Sanskrit Dictionary, (Oxford. 1965) (이하 S. D.로 줄임) p.312. ②. *sâl-in*, *adjective*. (possessing a house), -˚, abundantly provided with, possessed *or* full of, versed in, distinguished by *or* for : -î, *feminine*. Name.

'sâl-in'에 들어 있는 'l'로 보아 '서린'보다 원형(혹은 고형)은 '설린' 이었을 것이다. 또 'sâl-in'의 'a'가 '설린'의 'ㅓ'로 표기된 것은 'a'의 장모음 'â'의 청취인상에 의함인 듯하다. 즉 장모음의 마지막 청취인상 'ㅡ(ï)'의 영향인 듯하다.

2) 석석 : '빛나다', '밝게 타오르다'를 뜻하는 'sósuk'의 음역인 듯하다. 이 말은 강의(強意)를 나타내는 반복동사다.21) 'suk'과 'suk'의 반복형인 듯하다. 반복 이전의 어근은 'suk'으로 '불길. 불타오르다', '번득 비침, 섬광', '작열하다. 백열', '타다' 등의 명사, 동사로 쓰이는 말이다.22)

3) 사리 : '뼈대', '몸', '육신'을 뜻하는 'sár-îra'23)의 음역이다. '화살'을 뜻하는 범어 'sâri'24), 'sár-ya'25), 'sár-yâ'26)의 음역을 고려할 수도 있

---

21) S. D. p.316. ①. SUK. intensive (frequentative). *sósuk*, shine *or* flame brightly (Rig-veda). 약호는 독자의 편의를 위하여 풀어 썼음.
22) S. D. p.316. ①. SU*K*, I. *sók*a, IV. Parasmaipada. -su*k*ya (Brahmana, *very rare*), flame, gleam, glow, burn (Veda);Classical(post-Vedic) Sanskrit. : (burn =)suffer violent pain, feel sorrow, mourn, grieve, in, for (locative); lament, bewail (accusative) ………
   súk, *feminine*. flame, glow, heat (Veda) ; (inward burning), torment, sorrow, grief,……
   ※ S. D. p.317. ①. *su*-suk-vaná, *adjective*.[√ suk] radiant (Rig-veda 1).
   S. D. p.318. ③. sók-a, *masculine*.[√ su*k*] flame, glow, (Veda); anguish, sorrow, grief, affection, for ……
   S. D. p.318. ③. sok*í*sh-kesa, *adjective*. having flame.
   S. D. p.319. ①. sok-ís, *neuter*.[√ su*k*] Veda. : flame, glow, light (*nearly always of Agni*) ; Classical(post-Vedic) Sanskrit. : colour, splendour, beauty. ※ ag-ní, *masculine*. fire ;
   conflagration; *god*Agni(S. D. p.3. ①.).
23) S. D. p.309. ① ~ ②. sár-îra, (masculine.¹) *neuter*.[solid support : √3. *sri*] *Veda*., : frame : *plural*. bones (*Veda*.) ; *Veda*., *Classical (post-Vedic) Sanskrit*. : body ; *Classical (post-Vedic) Sanskrit*. solid body(*rare*) ; *one's* person.
24) 'sâri'는 '화살'의 뜻 외에도 '아름답게 지저귀는 새 이름', '코끼리의 등에 얹는

으나 이렇게 보면 뜻이 통하지 않는다.

　이상의 해석을 종합하면, '서린 석석 사리'는 범어의 음역으로서 '많은 불타는 육신'이란 말이다. 이 말은 제2연 제1행의 '죵죵 벽력(霹靂)아 생(生) 함타무간(陷墮無間)'과 뜻이 통하는 말이다.

2. 다롱 디우셔 마득사리 마득너즈세27) 너우지

　1) 다롱 : '젊은', '부드러운', '새로운', '신선한', '생생한', '갓 시작한'을 뜻하는 'tár-una',28) '처녀', '젊은 부인'을 뜻하는 'tarun-î',29) '젊은 시절', '청년기'를 뜻하는 'tárun-ya'30)에 들어 있는 'tarun'의 음역으로

　　닫집이 있는 가마. 상교(象轎)'를 뜻하는 말이기도 한다. S. D. p.312. ①. sâri : feminine. adjective. small sweet-voiced bird (sts. spelt sâri); arrow (Rig-veda. ; compare. saru); elephant's howdah. ;
25) S. D. p.309. ③. sár-ya, masculine.[from sara] arrow(Rig-veda). ※S. D. p.308. ③. sar-á, masculine.[destroyer : √srî] Veda, Classical Sanskrit : reed (specifically Sacchrum Sara used for arrows); arrow ; N(Rig-veda.) ; Name of an Asura (Epic).
26) S. D. p.309. ③. sár-yâ, feminine(Rig-veda) cane, shaft, arrow : plural. wicker-work of the Soma sieve.
27) 마득사리 마득너즈세 : 악장가사(歌詞 上 八~九, 四五~四六) 이상곡(履霜曲)에는 '마득너즈세'의 '득'의 'ㄱ'의 가로 획이 떨어져 나간 것 같다. 그것은 확실히 보이는 앞의 '마득사리'의 '득'을 보면 알 수 있다. 장효현도 "「이상곡(履霜曲)」 어석(語釋)의 재고(再考)"(어문논집 22, 고려대 국어국문학연구회, 1981. p.311. 각주 4) 이에 유의한 바 있다. 그러나 이들 '득'은 각각 범어 'mat-sarîa', 'madanaâditya'의 'mat', 'mad'의 't', 'd'의 음역임을 유의해야 할 것이다.
28) S. D. p.107. ③. tár-una, adjective. (î) young; tender; new, fresh; vivid; (feeling); just begun; lately risen (sun); crescent (moon); masculine. youth;; neuter. sprout, blade : ……
29) S. D. p.107. ③. taruna-ya, denominative. Parasmaipada. make young.
　　　　　　　　tarunâ-ya, denominative. Âtmanepada. become or remain young.
　　　　　　　　tarun-i-mán, masculine. youth.
　　　　　　　　tarun-î, feminine. virgin, maiden ; young woman .

보인다. 이 'tarun'의 의미는 '젊은', '젊음'이다.

2) 디우셔 : '천상의, 신성한', '빛나는'을 뜻하는 'dyu-kshá'[31)]의 음역이다. 이들 중 '빛나는'을 취한다.

---

30) S. D. p.109. ③. táru*n*-ya, *neuter*. youth .
31) S. D. p.126. ③. dyu-kshá, *adjective*. heavenly, bright; **-kara**, *adjective*. moving in heaven ; *masculine*. celestial.
   1. **DYUT**, I. (*Epic* also Parasmaipada) Âtmanepada. **dyoóta**, flash, gleam, shine; *causal*. Parasmaipada. illuminate; indicate, bring out, show clearly : *perfect passive participle*. **dyotita**, illuminated, shining. **abhi**, shine upon ; *causal*. illuminate, **ud**, shine forth ; *causal*. illuminate, make glorious. **vi**, shine forth, flash, lighten.
   2. **DYUT**, *perfect passive participle*. **dyuttá**, broken ; *causal*. **dyo-táya** Parasmaipada. break open.
   3. **dyút**, *feminine*. splendour.
      dyuta-ya, *denominative*. Parasmaipada. **vi**, flash, lighten.
      dyuti-i, *feminine*. radiance, splendour ; beauty ; dignity : **-mat**, *adjective*. brilliant, splendid, glorious; dignified.

'dyú'의 뜻은 '하늘', '밝음', '백열'을 뜻한다. (dyú, *m*. sky; brightness, glow; *m. n*. day. S. D. p.126. ③).
이상으로 범어 '디우/디웃'(dyút/ dyuti-i)이 여성으로 '빛남', '호화'를 뜻하고 여기서 파생 혹은 합성한 위의 단어들은 '빛남' 혹은 '빛나는'임을 알 수 있다. 이로써 '디우셔'(dyu-kshá)가 형용사 '빛나는'임을 알 수 다.
같은 사전(p.127)에 보이는 다음의 범어 단어들도 참고될 수 있다.
dyot-ta, *masculine*. brilliance: **-ka**, *adjective*. shining ; illuminating ; displaying ; expressing, expressive of (g.,-°); significant:**-tva**, *neuter*. absract. Noun.
dyót-ana(*or* á), *adjective*. flashing ; illuminating ; *neuter*. shining ; showing, displaying.
dyo-aní, *feminine*. brilliance, light.
dyota-mâna, *present. participle*. shining .
dyot-in, *adjective*. shining; signifying.
dyot-is, *neuter*. light; star (=gyotis).
또 다음(S. D. p.133. ①)도 참고할 만하다.
dhî', *feminine*. (=dî) splendour.

3) 마득사리 : '내 몸'을 뜻하는 범어 'mat-sarîa'³²⁾의 음역이다.

4) 마득너즈세 : '파괴자'를 뜻하는 'madanaâditya'³³⁾의 음역이다.

5) 너우지 : '사라지게하다', '옮기다, 제거하다', '일소하다, 쫓아버리다', '지우다, 말살하다', '파괴하다' 등의 뜻을 가진 'nâsáya'³⁴⁾의 음역이다. 혹은 '너우지'를 '혈족', '후손', '종족'을 뜻하는 'nâ'husha'³⁵⁾의 음역으로 볼 수도 있다.

이상 제1연 제3행 가 구의 주석을 모아서 해석하면 다음과 같다.

---

32) S. D. p.212.③. mat-sarîa, *neuter*. my body ; -`*khishya, massculine*. my pupil.
   ※ ma, *base of the pronoun of the 1st person.* : mâ (*accusative*) and me (*dative, genitive*) being unaccented never occur at the beginning of a sentence. (S. D. p.212. ①).
33) S. D. p.214. ③. madanaâditya, *masculine*. Name , when alone = name of a man or of a woman: **-antaka**, *masculine*. destroyer of Kâma, *epithet of Siva* ; **-ari**, *masculine*. foe of Kâma, *epithet of Siva* ; **-avastha**, *adjective*. enamored , in love : **â**, *feminine*. being in love ; **-âsaya**, *masculine*, sexual desire. ※ mad-ana, *masculine*. sexual love, passion, lust ; *masculine*. god of love, Kâma'; *Name.* ; *a plant* : ……
34) S. D p.137. ③. **NAS , I . Parasmaipada.** násа(*Veda. Epic*) ; IV. Parasmaipada. (Âtmanepada) násya, be lost, perish, disappear, vanish, depart; flee, escape; be useless, be in vain : *perfect passive participle*. **nash/á**, lost ; vanished ; invisible ; fled ; destroyed , spoilt ; unsuccessful, fruitless, useless; dead ; haaving lost *a lawsuit* ; *causal*. **nâsáya, P.(Â.** *rare*) cause to disappear, remove, dispel , efface, destroy ; lose ; throw away ; violate ; forget :
35) S. D. p.139.③. 1. nâ'husha, *adjective*. (**î**) akin ; *masculine*. kinsman .
   2. nâhusha, *masculine.* descendant of Nahusha, *patronymic of* Yayâti.
   ※ S. D. p.138.②. náh-ush-a, *masculine*. [connexion], descent, race; *Name.*, especially of a king who displaced Indra, but was afterwards transformed into a serpent.
   ※ S. D. p.138.②. náh-us , *masculine*. [connexion], descent, race ; kinsman ; neighbour.

젊음 빛나는 내 몸 파괴자여 사라져라.36)
혹은 다음과 같을 수도 있다.
젊음 빛나는 내 몸 파괴자 무리(종족).

3. 기타 어휘의 주석

1) '비오다가 개야아'의 '아' : '악률(樂律)에 맞추기 위한 무의미한 삽입음'(양주동), '개여서'의 '-서'에 해당(지헌영), '감동사'(홍기문), '감탄사'(박병채) 등의 설이 있다. 이것은 '비오다가'(4음절)의 뒤에 온 '개야'(2음절)가 담당할 제3음절의 표기형태가 '-아'라고 본다. 즉 '-야'가 부담해야 할 2모라(mora)37)의 표기 형태가 2음절의 '-야아'로 나타난 것이다. 그리하여 전체 3음절의 '개야아'가 되었다고 본다. 따라서 이를 현대 한국어로 옮기면 '개어(서)'일 수밖에 없다.

2) '깃든' : '「그」와「잇든」의 합성(合成).「그러한」[약부(若夫)・여피(如彼)]의 의(義)', '현대어의「그따위」는 이 말의 와전'(양주동), '긴(長)? 기다란? 그러한?'(지헌영), '「길든」이란 말의「ㄹ」말음이「ㅅ」음으로 변한 것'(홍기문), '그이는, 그이야'38), '그이야'39)(박병채), '그같

---

36) 이 제1연 제3행을 진언(주문)으로 보면 후자의 해석이 옳을 것이다. 다만 '너우지'의 '-지'가 범어 해당 어휘의 모음과 거리가 있음이 문제다.
37) 모라(mora)는 흔히 성조 언어에 대하여 음절(syllable)보다도 짧은 단위로서 설정된다. 대체로 단모음을 가진 음절의 길이를 한 모라로, 장모음을 가진 음절의 길이를 두 모라로 본다(이기문, 국어사개설, 탑출판사, 1978. 254, 142).
38) '「깃든」은 대명사「그(彼)」와「잇든」이 합성되면서「一」모음이 축약된 것'「잇든」은 주격「이」와 추상명사「ᄃ」의 절대격형「든」과의 연결 사이에 사잇소리「ㅅ」이 낀 형으로 이 경우「든」은 주격「이」아래서 강조의 뜻을 표시'한다고 한다(박병채, 고려가요의 어석 연구, 선명문화사, 1973. pp.289~290).
39) '명사어간 '그(彼)'에 용언화접미사 '이'가 연결된 후, 어간말음 '一'가 축약되고 여기에 강조형어미 '짠'이 연결된 형.'…… '강조형어미 '짠'은 설의법이나 감탄법을 구사하는 문장에서 명사의 용언형에 부착되어 명사구를 강조하는 기

은'40)(장효현), '그따위(그러한)'41)(이임수) 등의 견해가 있다. 필자는 양주동의 견해가 타당한 것으로 보인다. 필자의 위와 같은 해석과 연결해 보면 더욱 그러하다.

3) '열명' : '아마 「십명(十明)」의 속칭. 곧 불전어 「십분노명왕(十忿怒明王)」을 당시 「십명(十明)」(열명)이라 약칭'한 것으로 보고 '「열명길헤」는 「십분노명왕」과 같이 무시무시한 길에'로 보았음.42)

> 명왕(明王) : 교령윤신(敎令輪身)을 말함. 대일각왕(大日覺王)의 교령(敎令)을 받아서 분노신(忿怒身)으로 화현(化現)하여 모든 악마를 항복시키는 제존(諸尊)을 '명왕(明王)'이라 칭함. '부동명왕(不動明王)', '대위덕명왕(大威德明王)'이 바로 이것. '명(明)'은 '광명(光明)'의 뜻이요, 지혜(智慧)의 이름이며 지혜의 힘으로 일체의 마장(魔障)을 깨뜨려 부셔버리는 위덕(威德)이 있으므로 '명왕(明王)'이라 부름. 이 '명왕'은 보통 '부동명왕(不動明王)' 한 분만을 지칭하지만 실은 모든 교령에 통하여 분노신(忿怒身)으로 화현(化現)하여 악마들을 굴복시키는 '제존(諸尊)'을 모두 지칭하는 말이다. 성무동경(聖無動經)에 「이 명왕이 삼천대천(三千大千)의 모든 야차(夜叉)들을 다 '항복(降伏)' 받아서 그들로 하여금 모두 해탈도(解脫道)로 들어가게 한다」라고 했다.43)
> 분노명왕(忿怒明王) : 분노존(忿怒尊). 즉 명왕(明王)을 말함. 부동존(不動尊)같이 분노(奮怒)의 형상(形相)을 드러낸 법계(法界)를 교령(敎令)하므로 그를 일컬어 명왕(明王)이라 함.
> 십분노명왕(十忿怒明王) : 다음의 열[十大] 명왕을 말함. ①염만득

능을 가지는 것'이라고 한다(박병채, 고려가요의 어석 연구, 국학자료원, 1994. p.300).
40) 장효현, 「「이상곡」 어석의 재고」, 어문논집 22. (고려대국어국문학회, 1981), p.324의 현대역.
41) 이임수, 「이상곡에 대한 문학적 접근」, 『어문학』 41, (한국어문학회, 1981), p.115. 그러므로 이임수는 '깃돈'을 '절대칭으로 보거나 아니면 주체를 「누가」의 부정칭(不定稱)으로 볼 수밖에 없겠다'고 한다.
42) 양주동, 같은 책, p.352.
43) 한국불교대사전편찬위원회, 불교대사전, (보련각, 1982).

가 분노대명왕(焰鬘得迦44) 忿怒大明王) ②무능승 분노대명왕(無能勝 忿怒大明王) ③발납만득가 대분노명왕(鉢納鬘得迦 大忿怒明王) ④미근나득가 대분노명왕(尾勤那得迦大忿怒明王) ⑤부동존 대분노명왕(不動尊 大忿怒明王) ⑥타지 대분노명왕(吒枳 大忿怒明王) ⑦이라난나 대분노명왕(儞羅難拏 大忿怒明王) ⑧대력 대분노명왕(大力 大忿怒明王)⑨송파 대분노명왕(送婆 大忿怒明王) ⑩박일라파다라 대분노명왕(縛日羅播多羅 大忿怒明王).45)

이 '분노명왕'의 하나인 ①'염만득가 분노대명왕'만의 모습이라도 알아보자.46)

염만득가 분노대명왕(焰鬘得迦 忿怒大明王) : 광(光)은 겁화(劫火)와 같고, 몸이 대청운색(大靑雲色)이며, 삼면(三面)·육비(六臂)·육족(六足)이고, 신장은 짧고, 배가 크며, 대분노(大忿怒)의 상(相)을 지었음. 이아(利牙)는 금강(金剛)과 같고, 면(面)마다 삼목(三目)이 있으며 팔대용왕(八大龍王)으로 권속(眷屬)을 삼았음. 호피(虎皮)로 옷을 만들고 촉루(觸髏)로 관(冠)을 만들었으며, 작은 소를 타고 발로 연화(蓮花)를 밟았으며 수염은 적황색임. 대변재(大辯才)가 있고, 머리에 아축불(阿閦佛)을 이고 앉았음. 대악상(大惡相)으로 이마로 예(禮)하며 정면의 얼굴은 웃는 모습. 우측 얼굴은 황색에 혀를 빼물었고, 좌측 얼굴은 백색에 입술을 악물었음. 이는 묘길상보살(妙吉祥菩薩)의 변화신(變化身)으로서, 우제일수(右第一手)는 검(劍)을 잡았고, 제이수(第二手)는 금강저(金剛杵)를 제삼수(第三手)는 화살을 잡았으며, 좌제일수(左第一

---

44) 염만득가(焰鬘得迦)·염만덕가(焰曼德迦 / 閻曼德迦 / 焰漫德迦)는 <yamântaka>의 음역으로 대위덕명왕(大威德明王)의 범칭(梵稱)으로 '파괴자라'는 뜻임. 염만위노왕(焰曼威怒王), 염마덕가존(閻摩德迦尊), 항염마존(降閻魔尊), 육면존(六面尊), 육족존(六足尊), 대위덕왕(大威德王)이라고도 함.
45) ①②는 '분노대명왕'이라 하였고, 나머지는 '대분노명왕'이라 하였다. 번역상의 문제였을 것이지 성격이 다른 것은 아니었을 것이다.
46) 한국 불교대사전 四. pp.163~164. 번잡을 피해 다른 9 명왕의 형상 인용은 생략함.

手)는 견색(羂索)을 잡고 인지(人指)를 세웠으며 제이수(第二手)는 반야바라밀다경(般若波羅蜜多經)을 들었고, 제삼수는 활을 잡았음. 이 명왕(明王)의 밑에 천마(天魔)들이 두려워서 절을 하는 것이 상상(想像)으로 나타남.

이상의 인용으로 '분노명왕 = 명왕'임을 알 수 있고, '명왕'에는 '십명왕(十明王)'이 있음을 알 수 있다. '십명왕(十明王)'은 위에 인용한 바와 같이 '열 명왕'이니, '이상곡'의 '열명길헤'는 '열 명왕의 길에'란 말이다.47) '열 명왕의 길에'란 말은 '(무시무시한) 열 명왕처럼 (무서운) 길에' 혹은 '(무시무시한) 열 명왕이 (다니던 무서운) 길에'란 뜻일 것이다.

4) 제2연 제1행의 '종종' : 다음의 세 가지의 가능성이 있다.

(1) 종종(忪忪)48) : 두려워 떠는 것. 고민(苦憫)하다. 마음이 두려움에 산란(散亂)한 모양을 말한다. 이성(理性)을 잃어 보기 흉한 모습. (無量壽經).49)

(2) 종종(種種) : ①범어 <citra50)>. 범어 <vicitra>의 번역어. 여러 가지의. 다종류(多種類)의. 각양각색의. ②범어 <nānātva>다양성.

---

47) 따라서 운율을 고려하지 않았으면 '이상곡'의 '열명길헤'는 정확히는 '열명왕 길헤'였을 것이다.
48) 종종(忪忪) : 놀랍고 두려워 마음이 불안한 모양.[魏書 93・王叡傳] 忪忪惇(경) 獨 荷酒帛之恩.. ※ 忪: (集韻)諸容切. 당황할 종(惶遽).[玉篇] 忪 驚也.[玉篇] 忪 惶遽也.[集韻] 忪 心動也.
49) 유학 경전보다 불교 경전에 자주 나옴으로써, 고려의 유식한 불교 신자들이나 승려들 사이에서 자주 사용되던 말인 듯하다.
50) Citrá : mf(á)n. conspicuous, excellent, distinguished, bright, clear, bright-coloured, clear (a sound), variegated, spotted, speckled (with, instr. or in comp.), ······ agitated (as the sea, opposed to *sama*), ······ various, different, manifold, ······ (Sir M. Monier Williams , Sanskrit English Dictionary, p.396 ①).

양주동은 '종종'을 "「종종(種種)」의 음기(音記). 「때때로」의 뜻. 「종종(種種)」은 「갖가지」의 의(義)이나 「때로·자조자조」의 의(義)로도 쓰인다."51)고 하였다. 중국 고전에서 쓰인 '종종(種種)'의 뜻은 다음과 같다.52)

①신중하고 성실한 모양. ②머리털이 짧은 모양. ③여러 가지. 갖가지.

국어에서는 다음의 뜻으로 쓰이고 있다.

①가끔. 또는 때때로. ②이따금 있음.

(3) 종종종(鏒鏒鏒) : 불교 술어로서 다음과 같은 의미를 가지고 있다.

> 불정존(佛頂尊)53)의 진언(眞言). 최초의 종자(鏒字)는 진언의 체(體)가 된다. '종(鏒)'이란 심지(心智)가 행하지 않는 곳이며 언어가 미치지 못하는 곳임. 또한 대공(大空)을 더하는 것은 곧 일체처(一切處)에 두루하여 가나 한계가 없는 것. 삼승(三乘)의 만행(萬行)이 구경(究竟)에 귀회(歸會)하는 곳이기 때문에 삼전(三轉)하여 말함. 또 삼부(三部)가 최무상(最無上)이 되기 때문이며 삼체중(三諦中)에 가장 진실제(眞實際)이기 때문이며 삼덕(三德)의 정(頂)에 있기 때문에 삼전(三轉)하여 말한 것.

---

51) 양주동, 같은 책, p.352.
52) 교학 대한한사전. p.2319 참조.
53) 불정존(佛頂尊) : 태장계(胎藏界) 제삼원(第三院)의 석가여래는 전륜왕 삼마지(轉輪王三摩地)에 들어가서 사천하(四天下)를 통령(統領)하는 윤왕(輪王)의 형(形)을 나타낸다. 이는 불지(佛智)의 최승(最勝)한 존형(尊形)이므로 불정존(佛頂尊)이라 함. 정(頂)은 최승(最勝)의 뜻이며 지(智)는 일체(一切) 공덕(功德) 중 최승(最勝)한 것이므로 불정(佛頂)이라 함. ※불정(佛頂) : 석가모니불 정수리의 공덕(功德)을 인격화하여 숭배하는 대상으로 삼는 것. 모든 불상(佛像) 중에 가장 소중하게 여기고 있음.

이들의 뜻을 다음과 같이 뒤에 오는 '벽력(霹靂)/무간(지옥)'과 연결하여 본다.

①두려운 벽력/무간(지옥). ②여러 가지 벽력/무간(지옥). ③불정존(의) 벽력/무간(지옥).

②의 '여러 가지 벽력/무간(지옥)'의 가능성은, '무간(지옥)'에 다섯 가지 종류가 있다고는 하지만 이상곡의 문맥으로 보아 '종종'의 의미가 '여러 가지'일 가능성은 적어 보인다. ①'두려운 벽력/무간(지옥)' 혹은 ③'불정존(의) 벽력/무간(지옥)'일 가능성은 있다. '두려움'의 속성에서는 ①과 ③이 공통성을 가진다고 볼 수 있다. 이들의 참 의미를 알기 위해서는 뒤에 오는 '벽력(霹靂)'의 뜻을 밝혀야 할 것이다.

4) 벽력(霹靂)54) : 벽력성(霹靂星)55), 벽력수(霹靂手),56) 벽력풍뢰(霹靂風雷)57)의 '벽력(霹靂)'과 관련이 있을 것이다. 물론 원의는 '구름과 지상물(地上物) 사이의 방전 현상'일 것이나, 여기서는 불교적 의미로 사용되었을 것이다. 이 '벽력'은 언중들에게 '벼락'이란 말로 더 친근하였을 것이다.

5) '벽력(霹靂) 아'의 '아' : 제2연 제1행과 제3행의 '종종 ~ 무간(無間)'을 범어로 풀어야 한다면 이 '아'도 범어로 풀어야 할 것이다. 적어도 '악률(樂律)에 맞추기 위한 무의미한 삽입음'은 아니라고 본다. 이

---

54) 이 '벽력'보다 우리에게 더 친근한 말은 '벽력'에서 변한 '벼락'일 것이다.
55) 벽력성 : 태장계외금부원동방일천(胎藏界外金部院東方日天)의 방존(旁尊). 마땅히 일천(日天)의 권속(眷屬)이 되지만, 세상의 몽환(夢幻)을 상징한 것. 육색동자(肉色童子)의 형상(形像)이고 정상(頂上)에 합장(合掌)했으며, 비행(飛行)의 자세를 지녔음. ※'육색(肉色)'이란 육(肉)의 적색(赤色)과 같은 것. 동자(童子)(梵 : Kumāra) : ①구마라(究摩羅). 중될 마음을 내고 절에 와서 불교를 배우면서도 아직 출가하지 않은 어린 아이. ②태외(胎外) 오위(五位)의 제2위. 7~15세까지의 아이.
56) 벽력수 : 전광(電光)과 같이 신속한 수단[從容錄].
57) 벽력풍뢰 : 숨겨지지 않고 드러나는 심지(心地).

'아'는 'idam'58)의 굴절(inflexion)59)에나 'a-tra'60)·'a-tha'61)와 같은 불변화사(particle)62)에 쓰이는 대명사일63) 것이다. 혹은 뒤에 오는 '생(生)함타무간(陷墮無間)'을 부정하는 부정의 접사64)일 가능성도 있다. 불교사전들의 설명도 대체로 이와 같다.65) 즉 여기 '아'는 '이 사람'의 '이'

---

58) S.D. p.45.③. i-dám: *neuter(……)* this; the following*(……)* all this＝the whole world*(……); with pronouns*＝ here; just; *adverb.* here; hither; now; herewith; just; thus.
59) 굴절(inflexion, inflection) : 활용·어형변화라고도 한다. 동사의 활용(conjugation), 명사·대명사의 어형변화(declension), 형용사의 비교변화(comparison)를 말한다. 굴절의 방법에는 어미에 의한 경우(walk - walks), 모음변화에 의한 경우(write - wrote), 독립한 별개 단어와의 결합에 의한 경우(go - will go: shall go: have gone), 아주 딴 단어를 사용하는 경우(be＜am : are : is＞) 등 네 유형이 있다.
60) S.D. p.8.②. **á-tra** : *adverb* ＝ *locative of* idam, in this; here; there; in this (that) case, -verse, -passage, on this point ; in this life; then, at that time.
61) S.D. p.8.③. **á-tha** : *adverb*. then, thereupon; now, here begins (at beginning of works or sections, ……); now, so, then (at beginning of sentences);but, however, and yet; if; then,……
62) 불변화사(particle) : 문법에서, 관사·전치사·접속사 따위의 어형변화가 없는 품사를 말함.
63) S.D. p.1.①. a, *pronoun. root used in the inflexion of* idam *and in some particles* : **á-tra, á-tha.**
64) S.D. p.1.①. a- , an- *beforevowels, negative prefix*.＝**un**-.
65) 아[阿] : (범어)A(遏 ·木衣可의 합자. 庌·婀·噁·惡). 범어에서는 아(阿, a)라 하면 온갖 언어·문자의 기본이라 하나, 밀교에서는 여러 가지 뜻을 붙여 해석한다. ①아(阿)자에 초불생(初不生)의 뜻이 있다고 한다. 이것은 '아'자를 들으면 처음이나 근본의 뜻을 가진 아데(阿提, Ādi)의 문자, 혹은 불생(不生)의 뜻을 가진 아녹파다(阿耨波陀, Anutpāda)의 문자를 생각하므로 '아'자에 이러한 뜻이 있다고 한다. ②본불생(本不生)의 뜻이 있다고 하니, 만물의 근본 원초(元初)인 것은 그 자신이 원초이어서 그 발생할 수 있는 원인이 다른 것에 있지 않다고 한다. '아'자는 온갖 문자의 근본이며 기초이기 때문에 본불생의 뜻이 있다고 해석한다. ③범어의 '아'자는 부정(否定)하는 말로서 '무(無)'·'불(不)'의 뜻을 가졌으므로 무상(無常 ; 아니달야, 阿儞怛也, Anitya)의 뜻이 있다고 해석한다(운허·용하, 불교사전. pp.545~546). 금강정경 자모품(金剛頂經 字母品)에 「阿(아─)字門은 일체법(一切法)이 적정(寂靜)하기 때문이다」하였고, 문수문경(文

의 뜻을 가진 말이거나 '비생산적(비생산적)'의 '비(非)'의 뜻을 가진 말일 수 있다. 이렇게 보려면 '함타무간(陷墮無間)'이 '무간'의 한 종류로서 명사이어야 한다.

6) 제2연 제3행의 '종' : 다음의 두 가지의 가정이 가능하다. 제2연 제1행의 '종종'과는 그 의미가 다른 것으로 보인다.

(1) 종(終) : ①범어 <ágra>66)의 번역어로 '끝'을 뜻한다. ②범어 <uta>67)의 번역어로 '마침내', '드디어', '결국'을 뜻한다. ③빨리어 <na hoti paraṃ maraṇā>의 번역어. 사후(死後)에 존재하지 않는 것.

(2) 종(縱) : 종령(縱令), 가사, 비록 등의 뜻. '종(縱)'은 스스로 행한다는 뜻. 종령(縱令)은 명령사(命令詞)로써 타인으로 하여금 강행을 요할 때 쓰임.

7) '생(生) 함타무간(陷墮無間)'

(1) '생(生)' : 불교 용어로 보인다.

범어 <jāti68) : jāta69)>의 의역어. 음역어는 야다이(若多二). 서장

殊問經)에 「아자(阿字)를 부를 때는 길게 아(我)의 소리를 낸다」하였고, 대장엄경(大莊嚴經)에 「길게 아자(阿字)를 부르면 자리이타(自利利他)의 소리가 난다」하였으며, 대일경소 십사(大日經疏十四)에 「만일 긴 아자(阿字)를 보면 여래행(如來行)을 닦음을 알게 된다」하였고, 동십(同十)에 「긴 소리 제이자(第二字)는 금강삼매(金剛三昧)가 된다」하였음(한국불교대사전 4. p.274).

66) S.D. p.100.②. ág-ra, *neuter*. front; beginning; point, tip, top, main thing: **-m**, before (*genitive*.,-⁰); *instrumental*. before(*accusative*); *locative*. before, in presence of (*genitive*.,-⁰); in the beginning, at first, in the first place; after(ablative).

67) S.D. p.48.③. u-tá, *particle*. and, also, even,; or: utá-utá, both - and;.

68) S.D. p.100.③. ǧa-ti, *feminine*. birth, origin, rebirth: existence, life; state; rank, caste; family, tribe, race; genus (*opposite species*), species, (*opposite individual*), kind, class; disposition; normal character, genuineness: …… ※S.D.는 'g'는 [g] 음

어<skye-ha> 유위법(有爲法)70)이 현기(顯起)하는 것을 '생(生)'이라 함. 생긴다는 뜻. 십이인연(十二因緣)71)의 하나.72) 과거의 업력(業力)에 의하여 정당하게 당래(當來)의 과보(果報)를 맺는 것. 구사광기오

의 표기로, 'ǵ'는 [j]음의 표기로 사용하였고, S.E.D.는 'g'와 'j'의 표기관례를 따랐음.
SIR M. MONIER WILLIAMS, SANSKRIT ENGLISH DICTIONARY, OXFORD (이하 줄여서 S.E.D.라고 함). p.418.①. **jāti**, *feminine. birth, production,* ······ *rebirth,* ······ *the form of existence (as man, animal, et cetera) fixed by birth,* ······ *position assigned by birth, rank, caste, family, race, lineage,* ······ *kind, genus (opposed to species),* ······

69) S.D. p.100.③. *ǵa-tá, perfect passive participle.* (√ǵan); *masculine. son; neuter. creature; birth; race, kind, genus;* _°, *all that is comprised by -, sum total of -, any-, every kind of- : locative. in general.*
S.E.D. p.417.②. **jātá**, *masculine feminine and neuter.* (√jan; *in fine compositi or 'at the end of a compound.'* ······) *born, brought into existence by (locative case), engendered by* ······; *grown, produced, arisen, caused, appeared,* ······ *appearing on or in* ······

70) 유위법(有爲法) : 인연으로 생겨서 생멸(生滅) 변화하는 물심(物心)의 현상을 말함. '유위(有爲)'란 범어 <Asaṅiskṛta>의 번역어. '위(爲)'는 조작(造作)의 뜻. 조작(造作)을 '유위'라 함. 곧 인연이 생하는 사물을 모두 '유위'라 함. 능생(能生)의 인연은 조작이 소생(所生)하는 사물이며 소생하는 사물은 이 인연의 조작이 있으므로 유위법(有爲法)이라 함. 본래 자이(自爾)하여 인연의 소생이 아닌 것을 무위법(無爲法)이라 함. 그러므로 유위한 것은 인연이 있다는 말과 같음(한국불교대사전편찬위원회, 한국불교대사전 5. pp.184~185).

71) 십이인연 : 범어 <Dvādaśājgapratityasamutpāda>의 번역어. 십이연기(十二緣起), 단명(單名)으로는 인연관(因緣觀)·지불관(支佛觀)이라고도 함. 이는 벽지불(僻支佛)의 관문(觀門)이다. 중생에게 삼세(三世)를 섭(涉)하여 육도윤회(六道輪廻)의 차례와 연기(緣起)를 설(說)한 것. 즉 3계에 대한 미(迷)의 인과를 12로 나눈 것이다. ①무명(無明) ②행(行) ③식(識) ④명색(名色) ⑤육처(六處) ⑥촉(觸) ⑦수(受) ⑧애(愛) ⑨취(取) ⑩유(有) ⑪생(生) ⑫노사(老死)를 말함. ⑪생(生)이란 현재의 업(業)에 의하여 미래의 생(生)을 받으려는 자리임. 즉 이 몸을 받아남을 뜻함. 현재세(現在世)에서 ⑧애(愛) ⑨취(取) ⑩유(有)의 삼인(三因)에 의하여 미래의 생(生)을 받는 초찰나(初刹那)를 말한다.

72) 또는 '생지(生支)'를 뜻하기도 한다. '생지'(生支)란 범어로 <Iānga>앙가사다(薦伽社哆) (Aṅga-jāta). 남근(男根)을 말함.

(俱舍光記五)에 「법에 피용(彼用)을 능기(能起)하여 현재의 경(境)에 들어오게 함을 생(生)이라 한다」하였음.73)

 (2) 함타(陷墮) : '함타(陷墮)'74)란 한자의 글자 뜻에 매달릴 것이 아닌 듯하다. 국어에서 한자 성어 또는 불교 용어로 굳어져 있지도 않다.75) '[사형(死刑), 파계(破戒), 논박(論駁) 등으로] 죽임을 당하다'란 뜻을 가진 범어 'han-tavya'76) 또는 '살육자(殺戮者)'를 뜻하는 범어 'hán-tri'의 음역어인 듯하다.77)

---

73) 한국불교대사전편찬위원회, 한국불교대사전 3. p.493.
74) '함타(陷墮)'는 한자의 글자 뜻으로 미루어 보면 '빠져 떨어진다'는 의미일 것이다. 陷 : ①빠질 함(墮入). ②빠뜨릴 함(陷入). ③함정 함(窂也). ④묻힐 함(沒也). ⑤모함할 함(陷害). ⑥무너뜨릴 함(攻破). ⑦무너질 함(潰敗). ⑧모자랄 함(缺少). ⑨잘못할 함(過失). ⑩끼워넣을 함(嵌也). ⑪찌를 함(刺入). ⑫물 함(含也). 墮 : ㊀타 (廣韻)徒果切. ①떨어질 타(落也). ②떨어뜨릴 타(强落). ③빠질 타(脫落). ④게으를 타(懈怠). ㊁휴(廣韻)許規切. ①소홀해질 휴(廢也). ②훼손할 휴(毁損). ③보낼 휴(輸送).(敎學 大漢韓辭典).
75) 국어사전(한글학회 우리말큰사전, 이희승 국어대사전, 금성판 국어대사전, 국립국어연구원 표준국어대사전), 한자자전(교학 대한한자전) 불교사전 어디에도 안 나온다는 말이다. 단국대학교 동양학연구소의 ≪漢韓大辭典≫만 '【陷墮 함타】 떨어짐. 추락함.'을 들고, 출전으로 /한(漢), 초공(焦贛)의 ≪역림(易林), 대축지관(大畜之觀)≫을 들고 있다. 三雎逐蠅, 陷墮釜中, 灌沸弇殘 與母長決. 諸橋의 ≪大漢和辭典≫도 '陷'자의 용례로 '①움푹들어가다. 함몰하다. ②끼이다. ③계략에 빠지다. ④함락되다.'란 뜻의 '陷墮'를 보이고 출전을 밝히고 있다. 陷墮 :[易林. 大畜之第二十六. 觀] 三蛆逐蠅 陷墮釜中. 피차 한 글자의 차이를 보이고 있다. 흑백을 가릴 여유가 없음이 안타깝다. 비유를 위한 역설로는 '三雎逐蠅'이 옳은 듯하다. 하여간 '함타(陷墮)'가 식자들 사이에서도 접하기 용이한 단어는 아닌 것은 확실하다. 범어의 음역으로 봄이 좋을 듯하다.
76) S. D. p.375 ①. han-tavya, *future participle passive.* to be slain *or* illed, -punished with death; -transgressed (*law*); -refuted (*rare*) : (**hán**)-t*rí* (*with accusative* ; -t*rí*, *with genitive*), *masculine.* striker, slayer, killer, murderer; destroyer, disturber; (**hán**)-**tave**, (**hán**)-**tavai**, *Veda. dative. infinitive,* √han; **-tu-kâma**, *adjective.* desirous of slaying; **-tri-mukha**, *masculine. a kind of demon injurious to children;* ……
77) 혹시는 '보라', '하라', '아!'를 뜻하는 범어 'hánta'의 음역어로 볼 수도 있으나

(3) 무간(無間) : 범어 ＜Avici ＝ 아비지(阿鼻(旨))＞의 의역어. 무간지옥(無間地獄)・무수간(無間修)・등무간연(等無間緣)・무간나락(無間奈落)78) 등과 같은 말이다.79)

> 무리다. 왜냐하면 국어의 구조에서 'aB'처럼 연결된 단어 사이의 관계는 동격(철수 동생 . 철수 = 동생), 수식에 의한 소유(철수 동생 = 철수의 동생, 철수 가방 = 철수의 가방), B의 하위범주의 하나[철수 동생 = (여러) 동생의 하나로서 철수. 취과무간(趣果無間) = 여러 무간의 일종으로서 취과(무간)]일 수 있듯이 체언은 직접 연결되고, 용언은 어미변화 후에 연결될 수 있다. 통사론에서 이른바 내심구조(內心構造)(endocentric construction)다. 감탄사(간투사)는 후속하는 단어와 일정한 휴지가 없이는 위와 같은 연결이 불가능한 외심구조(外心構造)(exocentric construction)이기 때문이다. ※S. D. p.375 ①. hánta, *interjection. expressing an exhortation to act* : come on ; *to take* : here, take ; *to attend* : see, look ; *Classical Sanskrit. : also used to express grie*f : alas ; surprise, joy, hurry: oh, ah ……

78) 무간나락: 범어 ＜naraka＞・'나락(奈落)'이 '지옥(地獄)'이란 말이니 '무간나락'은 '무간지옥'과 같은 말임.
79) 혹시는 '함타무간(陷墮無間)'이 다섯 가지 '무간지옥[無間(地獄)]'의 하나일는지도 모르겠다는 생각으로 '무간지옥[無間(地獄)]'에 대하여 더 알아본다. 다음 ①~⑤까지의 '무간' 중 어느 것이 범어로 ＜hantavya avici＞ 또는 ＜hántri avici＞라면 필자의 추측은 적중한 것이 될 것이나 아직은 미상이다.
'지옥(地獄)'의 계층을 알아본다. (범어) ＜Niraka＞, ＜Naraka＞, 나락가(那落迦),＜Niraya＞, 니리(泥犁). 의역하여 불락(不樂), 가염(可厭), 고염(苦具), 고기(苦器), 무유(無有), 무행처(無幸處) 등이라 함. 의처(依處)가 지하에 있기 때문에 지옥(地獄)이라 의역함. 3類가 있다. ①근본(根本)지옥・팔대(八大)지옥・팔열(八熱)지옥・팔한(八寒)지옥. ②근변(近邊)지옥・시방유증(十方遊增)지옥. ③고독(孤獨)지옥. 다시 팔대지옥(팔열지옥)은 다음과 같다. ①등활(等活)지옥 ②흑승(黑繩)지옥 ③중합(衆合)지옥 ④규환(叫喚)지옥 ⑤대규환(大叫喚)지옥 ⑥초열(焦熱)지옥 ⑦대초열(大焦熱)지옥 ⑧무간(無間)지옥[아비(阿鼻)지옥]. ⑧의 무간지옥(아비지옥)은 팔열지옥(八熱地獄)의 제8 지옥으로 남섬부주(南瞻部洲) 2만 유순(由旬)되는 곳에 있어 몹시 괴롭다는 지옥이다. 오역죄(五逆罪)의 하나라도 지으면 곧 이 지옥에 떨어져 일겁(一劫) 동안 간단없이 고(苦)를 받기 때문에 무간지옥이라 한다. 무간지옥에는 오종(五種)이 있다(아래 오종 무간지옥의 범어명은 금강대학의 안성두 교수의 자료조사에 의한 것임을 밝힘).
① 취과(趣果)무간(phala-pratigṛhīta avici) : 이 몸이 끝나면 곧 저 무간격(無間

4. 통석

제 1연

①비　오다가　개야아　눈　　하　디신　나래

　비(가) 오다가　개어서　눈(이) 많이 내리신 날에

②서린 석석　　사리

　많은 불타는 육신(의)

③조본　곱도신　길헤

　좁은 굽어도신 길에

④다롱 디우셔　마득사리　마득너즈세 너우자[80]

　젊음 빛나는 내 몸　　파괴자　　사라져라(혹은 종족, 무리)

⑤잠　 짜간　내 니믈 너겨　 깃둔 열명　길헤 자라 오리 잇가

　잠(을) 앗아간 내 임을 생각하여 그따위 十忿怒明王(같은) 길에　자러
　올 리 있(겠습니)까?

　　隔)에 떨어진다는 뜻.
② 수고(受苦)무간(duḥkhita avici 또는 vedayita-duḥkha avici) : 고(苦)를 받음이
　　간단(間斷)이 없다는 뜻.
③ 시(時)무간(kāla avici) : 일겁(一劫) 사이를 상속(相續)하여 간단이 없는 것.
④ 명(命)무간(jīvita avici) : 일겁 사이를 수명(壽命)의 간단(間斷)이 없다는 것.
⑤ 신형(身形)무간 : 지옥의 종횡(縱橫)이 48,000 유순(由旬)인데 신형이 편만
　　(遍滿)하여 간극(間隙)이 없다는 것.
　　이상의 다섯 가지 무간(지옥) 중 '함타(陷墮)'의 '빠져 떨어지다'의 뜻을 좇는
　다면 ①의 '취과무간'의 성격이 '함타무간'일 가능성이 크다. 그러나 통설인
　'함타(陷墮)'를 동사로 보아, '무간(지옥)에 떨어짐'을 전적으로 배제하는 것은
　아니다.
80) '너우지'는 '너우자'의 탈각인 것으로 보아 '너우자'로 바로잡고 주석을 하였음.

제 2연

⑥죵죵　霹靂아 生　陷墮無間

　무서운 벼락 아 인연 무간지옥에 떨어져(혹은 함타무간)

⑦고대셔 싀여딜 내 모미

　곧　　 죽어질 내 몸이

⑧죵　　霹靂아 生　陷墮無間

　마침내 벼락 아 인연 무간지옥에 떨어져((혹은 함타무간))

⑨고대셔 싀여딜 내 모미

　곧　　 죽어질　내　몸이

⑩내 님 두습고[81)]　 년　 뫼롤 거로리

　내 임 (제쳐)두옵고 다른 뫼를 걸을 리(그럴 리 없다).

제 3연

⑪이러쳐　　　더러쳐

　이렇게 하자 저렇게 하자

⑫이러쳐　　 더러쳐　　 期約이　　 잇가

　이렇게 하자 저렇게 하자 (다른)기약이 있(겠습니)까?

⑬아소　　 님하　 흔 디 녀졋　 期約이이다

---

81) 두습고 : 다른 이들은 '두옵고'로 보았으나 원전을 보면 다른 'ㅇ'와는 달리 삼각형이 뚜렷하기에 '두습고'로 잡았다. 표기법의 발달 과정에서 보아도 악장가사의 출간 당시에는 이렇게 표기해야 옳다고 본다. 악장가사 편찬 연대(조선 중종 명종 연간)로 보아서도 그러하다. 이들 가사들이 훈민정음 창제 후인 조선시대 초기에 채록·보존되어 오다가 악장가사에 등재되었다면 더욱 그러하다.

(그리)마소서 임이시여 한 곳에 가자던 기약(뿐)입니다.

5. 몇 가지 추론 및 의문

1) 앞의 각주 19)에서 밝힌 바와 같이 양주동의 제1연 제2행('서린 ~ 길헤')을 둘로 나누어야 한다. 즉 양주동의 '서린 석석사리'를 '서린 석석 사리'로 띄어쓰기하면서 제2행에 놓고, '조본 곱도신 길헤'는 제3행으로 보아야 한다. 그 까닭은 필자가 제시한 ②, ④, ⑥, ⑧행은 불경[범어]에서 온 말이기 때문이다. 이들 행은 각각 뒤에 오는 ③, ⑤, ⑦, ⑨행과 대응하여 먼저 선언(宣言)한 말이다. 이것은 앞의 주석과 통석으로 보아 알 수 있다. ②'서린 석석 사리(많은 불타는 육신)'와 ③'조본 곱도신 길헤', ④'다롱 ~ 너우지'와 ⑤'잠짜간 내니믈 ~ 자라 오리 잇가', ⑥'죵죵 霹靂 아 生 陷墮無間'과 ⑦'고대셔 싀여딜 내 모미', ⑧'죵 霹靂 아 生 陷墮無間'과 ⑨'고대셔 싀여딜 내 모미'의 사이에는 깊은 대응관계가 있어 보인다.

2) '마득사리' : '내 몸'의 대응과, '너우지(자?)' : '싀여디다(사라지다)'를 뜻하는 'nâsáya'의 대응으로 보아, '마득너즈세 너우지'의 '너우지'는 해당 범어(표기)로 보아 '너우자(nâsáya)'일 가능성이 크다. 즉 '너우지'는 '너우자'의 탈각일 가능성이 크다. '너우자(nâsáya)'로 보아서 그러하다.

3) 제 1연(필자가 설정한 ①~⑤행)은 남자가 노래하여 묻고, 제 2연(필자가 설정한 ⑥~⑩행)은 여자가 화답하고, 제 3연(필자가 설정한 ⑪~⑬행)은 남·여 함께 노래한 것으로 볼 수도 이도 있다.[82] 이렇게 보려면 제 1연 제5행의 '잠 짜간 내 니믈 너겨'의 실제적인 뜻은 '잠 짜

---

[82] 행(行)의 구별은 달라도 연(聯)의 설정은 기왕의 연구 결과와 동일하다.

간 제 니믈 너겨'인 셈이다. 즉 화자가 '제83) 님(저 자신의 임)'을 말할 때만 '내 님'이라고 말하는 것이 국어의 어법이기 때문이다. 이상곡 채록 혹은 창화 당시의 어법과 현대국어의 어법이 같다고 전제하고서 하는 말이다.

4) 작중 화자를 1인의 유녀(혹은 과부)로 보면 다음과 같이 해석할 수도 있다.

제 1연 : 비 오다가 개(어)서 눈(이) 많이 내리신 날에/ 타는 불길의 육신, 좁은 굽도는 길에/젊음 빛나는 내 몸 파괴자 사라지게 하라/ 잠 빼앗아 간 (그 얄미운) 내 임을 생각하여/ 그 따위 십명왕 (같이 무서운) 길에 (내가) 자러 오겠느냐? (어림도 없는 말이다. 안 자러 온다. 그런데 나는 내 임, 당신을 사랑하여 그 험한 길을 무릅쓰고 자러 왔다.). (이 말은 그 험하고 무서운 길을 뚫고 자러 와서 사랑하는 임에게 하소연하는 말이다. 앙탈을 부리며 하는 말이다.).

제 2연 : (무섭고) 무서운 벼락, 이[是] 인연(의) 무간 지옥에 떨어짐 (혹은 *다섯 무간지옥의 하나인 함타무간*) /(백년 천년 살 몸이 아니고) 곧 죽어질 내 몸이/드디어 벼락 이[是] 인연(의) 무간 지옥에 떨어짐(혹은 *다섯 무간지옥의 하나인 함타무간*)/(백년 천년 살 몸이 아니고) 곧 죽어질 내 몸이/내 임 두(옵)고 (어찌) 다른 뫼를 걸겠느냐.(백년 천년 살 내 몸이라면 내 임 두고 다른 뫼를 걸 수도 있겠다는 엉뚱한 마음이 보

---

83) 여기 '제(/저)'는 1인칭의 겸칭이 아니다. '철수 제가 나한테 겁 없이 덤벼?'에 보이는 '제'와 같은 3인칭의 재귀대명사이다. 즉 제 1연에서 남자가 다음과 같이 노래한다. "(여자인, 3인칭으로서의) 제가 잠 빼앗아 간 (3인칭으로서의) 제 임을 생각하여 그따위 십분노명왕처럼 무서운 길에 자러 올 리 있겠습니까?" 이렇게 제 1연에서 남자가 뚱기니까, 제 2연에서 여자가 다음과 같이 자기의 일편단심을 호소한다.

"무간지옥에 떨어져 곧 죽어질 내 몸이 내 임 두옵고 다른 뫼를 걸 리 (있겠습니까?)."

임.)84)

　제 3연 : 이렇게 하고자 저렇게 하고자/이렇게 하고자 저렇게 하고자 (다른) 기약이 있겠습니까? (천만 없습니다.)/(그리) 마옵소서. 임이시여, 한 곳에 (살아)가고자 (하는) 기약(뿐)입니다. (오직 임과 함께 살 기약 뿐입니다.).

　5) 고려에서는 그렇다 하더라도 조선조 척불숭유의 사회에 이 같은 불교적 노래가 담긴 말이 살아남아 궁중 잔치에까지 쓰이게 된 이유는 무엇일까? 그것은 악사나 궁중 관료들 모두가 이 가사의 뜻을 몰랐던 데 있다. 이는 일찍이 김동욱85)・김준영86)도 밝힌 바다.

　6) 최근의 연구에서 '이상곡'이 고려조 채홍철(蔡洪哲) (1262, 원종 3

---

84) 필부필부로서 우리들은 몇 십년 몇 백년 살 줄 알고, 멀고 큰 허망한 계획을 세우고 오늘의 힘든 삶을 참고 산다. 틀림없이 내일 죽는다면, 오늘 일상 살아온 삶을 살겠는가? 내일 지구의 종말이 온대도 오늘 한 그루의 나무를 어쩌고 하겠다는 사람은 필부필부(보통 사람)가 아니다. 보통 사람들은 틀림없이 내일 죽는다면, 오늘의 일상을 버린다. 실제로 지금으로부터 50여 년 전에도 그랬고, 20여 년 전에도 그런 일이 있었다. 어느 날 몇 시에 지구의 종말이 온다고 하여 온갖 짓이 다 벌어진 일이 있었다. 그런데 '이상곡'에서는 내일 죽는 것도 아니라 '고대' 죽는 것이라는 데에 문제의 심각성이 있다.

85) 고려시대 궁중이나 연향(宴享)에서 가창되던 노래를 '부르는 자는 악공이었고' 귀족계급은 아니었다. "그러나 악공은 사실에 있어서는 무식하였기 때문에, 그 악장(樂章)을 외웠을 뿐 그 의미도 몰랐다. 고려사에는 "악공들은 다만 악보의 높고 낮음만 암송할 뿐 가사의 뜻은 알지 못하였으니 가히 귀신과 사람을 속였다고 할 만하다"(歌師但誦譜之高低 略不解其詞語 可謂欺神人也)라고 있으나 사실은 우리의 신도 그 사(詞)를 알 까닭이 없을 것이다. 그러므로 잘못 부르다가는 목이 달아나는 판국이라 그들은 애써 악장을 외웠다. 여기에 고려 무악(舞樂)의 사장(詞章)의 신빙성도 저울질할 수 있다."[김동욱, 「고려기 문학의 개관과 그 문제점」, 한국어문학회 편, 『고려시대의 언어와 문학』, (형설출판사, 1979), p.222].

86) 김준영, 『한국고시가연구』, (형설출판사, 1991). p.241. '이상곡'과 같이 시일이 흐름에 따라 가사가 모르는 말로 와전된 것이 한・일간에 많은데 그 원인은 악공들이 곡에만 충실했을 뿐 가사에 소홀했기 때문이다.

년 ~ 1340, 충혜왕 복위 년1)이 지었을[혹은 개사(改詞)] 가능성에 관한 논의가 진지하게 거론된 바 있다.87) 여기에 채홍철의 불교에의 심취를 정확히 지적했으면서도88) 정작 '이상곡'의 가사 주석에서는 이를 소홀히 다룬 것은 매우 애석한일이 아닐 수 없다. 필자는 '이상곡'을 주석하면서 본가에 녹아 있는 많은 시경 기타 중국 문학적 요소와, 깊은 불경 특히 범어적 요소에 놀라지 않을 수 없었다. 이들에 대한 깊은 이해를 전제하지 않고는 '이상곡'의 이해는 불가능함을 느꼈다. 이는 '이상곡'이 일반 민중의 노래가 아니라, 한문학・불경 및 범어에 대해 깊은 이해를 가진 상당한 지식층의 노래임을 확인하였다.

7) 두 권의 범어사전에 의존하면서, 범자에 의한 범어의 표기와 이를 영문자로 음역(音譯)(transliteration)한 결과와는 상당한 거리가 있음을 알았다. 범어는 중국을 거쳐 고려에까지 들어왔다. 범어의 원음은 중국의 고대 한자음에 의해 음역(音譯)도 되고 의역(意譯)도 되었다. 더 복잡한 번역도 있었다. 이들이 삼국시대에 들어와 세월이 흘러 고려인의 언어에까지 전해졌을 것이다. 중국어의 음운체계를 거친 범어가 삼국시대를 지나 고려인의 음운의식에 의해 수용된 후의 범어의 모습은 그 본래의 모습과는 상당한 차이가 있었을 것이다. 이것을 전제하면 '이상곡'에 나타난 범어와 범어 본래의 모습과는 큰 차이가 있을 것이 확실하다. 또한 필자가 추정한 '이상곡'의 범어 기원 어휘 및 문장이나 구

---

87) 장효현, 「이상곡의 생성에 관한 고찰」, 『국어국문학』 92, (국어국문학회, 1984). 박노준, 『고려가요의 연구』, (새문사, 1998), <이상곡>과 윤리성의 문제.
88) 박노준 전게서, p.224. 고려사 열전 채홍철조를 보면 …… 채홍철은 "불교의 선지(禪旨)와 금서(琴書)를 조합(調合)하여 일용(日用)으로 삼았다" …… "…… 더욱 석교(釋敎)를 좋아하여 일찍이 집 북쪽에 전선원(梅禪園)을 짓고 항상 선승(禪僧)을 기르고 ……". 물론 박노준도 채홍철의 이상과 같은 불교에의 심취와 <이상곡>의 '열명길'과 '함타무간(陷墮無間)'을 연결 설명하고는 있다. 그러나 <이상곡>의 완전한 이해를 위하여서는 이것만으로는 부족하다.

(句) 혹은 절(節)에서 용언의 어미변화나, 용언과 체언, 체언과 체언의 결합 과정에 나타나야 할 어미변화 혹은 격변화의 문제는 더 보완되어야 할 것이다.

<참고 문헌>

교학사, 대한한사전, 1998.
단국대학교 출판부, 한한대사전, 2008.
제교철차, 대한화사전, 1986.

김완진, 향가와 고려가요, 서울대학교출판부, 2000.
김준영, 한국고시가연구, 형설출판사, 1991.
김창룡, 우리옛문학론, 새문사, 1999.
김형규, 고가요주석, 일조각, 1971.
박노준, 고려가요의연구, 새문사, 1998.
박병채, 고려가요의 어석연구, 선명문화사, 1973.
____, 새로고친 고려가요의 어석 연구, 국학자료원, 1994.
양주동, 여요전주, 을유문화사, 1963.
이명구, 고려가요의 연구, 신아사, 1974.
이임수, 여가연구, 형설출판사, 1988.
정기호, 고려시대 시가의 연구, 인하대출판부, 1986.
정홍교, 고려시가유산연구, 한국문화사. 1984.
정태혁(鄭泰爀), 표준 범어학(標準 梵語學).
최철, 고려국어가요의 해석, 연세대학교 출판부, 1996.
홍기문, 고가요집(해외우리어문학연구총서75), 한국문화사, 1996.
운허·용하, 불교사전, 동국역경원, 1961.
한국불교대사전편찬위원회, 한국불교대사전, 1982.

J. Gonda 저, 정호영 역, 산스크리트어 문법, 한국불교연구원, 1986.
Arthur Anthony Macdonell, A Practical Sanskrit Dictionary, Oxford, 1965.
SIR M. MONIER WILLIAMS, SANSKRIT - ENGLISH DICTIONARY, OXFORD, 1988.

강길운, 오대진언음역고(五大眞言音譯考), 일석 이희승선생송수기념논총, 일조각, 1957.
김창룡, <이상곡> 비교 문학적 고찰, 민족문화 제5집, 한성대학교 민족문화연구소, 1990.
이임수, 이상곡에 대한 문학적 접근, 어문학 41, 한국어문학회, 1981.
장효현, 「이상곡」 어석의 재고, 어문논집 22, 고려대학교 국어국문학연구회, 1981.
_____, 이상곡의 생성에 관한 고찰, 국어국문학92, 국어국문학회, 1984.
정기호, <이상곡> 이해를 위한 몇 문제, 한국고전시가작품론 1, 백영 정병욱 선생10주기 추모논문집, 집문당, 1982.

고려가요〈滿殿春 別詞〉의 '滿殿春'의 의미에 대하여

一. 서론
二. 만전춘(滿殿春)의 의미에 대한 제가의 설
三. 필자의 생각
四. 결론

〈요약〉

고려가요 <만전춘(滿殿春) 별사(別詞)>의 '만전춘'의 어원적 의미에 대하여는 여러 설이 있다.

1) '만(滿)'은 '참여자의 무리', '전(殿)'은 '궁전', '춘(春)'은 '기(妓)'·'기대(妓隊)'로 관객과 더불어 참여자의 만원'을 뜻함.
2) '궁전에 가득한 봄'.
3) 음악(굿)에 있어 마지막 불려지는 노래.
4) 노래 내용과 무관한, 사조명(詞調名)과 같은 것.

1) 2)는 음차 표기한 한자의 뜻에 매인 것으로 보이고, 3)4)는 의미 변화한 후대의 뜻을 취한 것으로 보인다. 필자는 '만전춘'을 술 이름으로 본다. 정확히 말하면 '춘(春)'은 '술', '만전(滿殿)'은 고려음 '만뎐'의 표기로, 이는 'umdan'·'omtan'의 음차 표기로 보인다. 그 뜻은 기원적으로 '감주[醴酒]'였을 것이다. 이는 후대로 오면서 '백쥬(白酒)'·'음료(飮料)'의 뜻으로 변하였다. 다시 '만전춘'은 알코올 도수가 높은 술을 뜻하는 말로 변하였다. '만전춘'이 술 이름인 증거는 다음과 같다.

1. '만전춘'과 유사한 술 이름이 많다.
   한산춘(韓山春), 약산춘(藥山春), 소춘(燒春), 토굴춘(土窟春), 석동춘(石凍春), 이화춘(梨花春), 낙양춘(洛陽春), 화당춘(畫堂春), 해당춘(海棠春), 통천춘(洞天春), 월궁춘(月宮春), 무릉춘(武陵春), 금당춘(錦堂春), 금장춘(錦帳春), 옥당춘(玉堂春), 사지춘(謝池春), 월계춘(越溪春), 봉루춘(鳳樓春), 새원춘(塞垣春), 한궁춘(漢宮春), 연대춘(燕臺春), 제대춘(帝臺春), 강도춘(絳都春), 심원춘(沁園春), 나부춘(羅浮春), 연각춘(軟脚春), 옥굴춘(玉窟春), 노산춘(魯山春) 등.

2. 조선시대에는 '만전향주(滿殿香酒)'란 술과 '만전향주국(滿殿香酒麴)'이란 누룩이 있었다. 또 고려시대에는 '만전향(滿殿香)'이란 술이 있었다.

3. 우리 조상들은 술을 약으로 사용하였다. 술의 주성분인 알코올이 약으로 쓰인 것과 같이 술이 약으로 쓰였다. 술을 '약주(藥酒)'라고도 하였다. <만전춘 별사>에 나오는 '약(藥)'은 술이었다. 그 술은 바로 '만전춘(滿殿春)'이었다.

一. 서론

고려가요 <滿殿春 別詞>의 '滿殿春'의 의미는 무엇일까? 필자는 이들 본래의 뜻이 무엇일까 하여 선학들의 견해를 찾아보았다. 필자의 불찰인지 몰라도 시원한 답을 찾을 수가 없었다. 기존의 연구서들에서 그 의미를 추적한 결과들을 찾아본다.

二. 만전춘(滿殿春)의 의미에 대한 제가의 설

1. 양주동, 여요전주(1947), 지헌영, 향가여요신석(1947) : 언급 없음.

2. 여증동 : <만전춘 별사>는 '노래이되 劇을 내용으로 한 별개의 노래로 간주하고', <滿殿春>의 '殿'은 궁전, '春'은 '妓'의 代稱, '滿'은 참여자의 무리이고, 따라서 무대는 궁전, 배우는 妓隊로서 관객과 더불어 참여자의 만원을 뜻하는 것이라고 한다.1)

3. 성현경 : 「滿殿春」은 글자대로 '궁전에 가득한 봄'이라고 보고, '새 봄의 기약은 한결 새롭고 희망적이기만 하다'고 하였다.2)

4. 권영철 : "滿殿·北殿·後殿이 巫俗에 있어 「뒷풀이」로, 春을 「花·굿」등으로 보아 「뒷풀이 굿」이라 하여 殿을 宮殿으로 볼 수 없으며 음악(굿)에 있어 마지막에 불려지는 노래"로 본다.3)

5. 이임수 : 「滿殿春」의 殿은 北殿, 後殿, 後庭 등 宮女들이 거처하는 後宮을 의미하는 것으로 보이며, 北殿이나 後庭花의 음악으로 傳하는 時調의 내용이나 歌之風度의 해설 등으로 보아 「滿殿春」은 後宮의 뜰에 봄이 가득한데 想對的(sic)으로 느끼는 宮女들의 愁心을 노래한 것으로 보인다.4) '세종실록에 後宮의 뜻으로 後殿이 쓰이고 있으며 악학

---

1) 여증동, "<滿殿春 別詞> 歌劇論 試攷", 진주교대 논문집 1집(1967), pp.17~18. 박노준, 고려가요의 연구(1990), p.242. 박노준, <만전춘 별사>의 제명과 작품의 구조적 이해, 문학한글 1, 한글학회(1987), pp.7~8에서 재인용.
2) 성현경(1975), 만전춘 별사의 구조, 고려시대 언어와 문학(형설출판사, 1975), pp.377~378, 382.
3) 이임수, 麗歌硏究, (형설출판사, 1988), p.212에서 재인용.
4) 이임수, 麗歌硏究, (형설출판사, 1988), p.211. 이임수는 <만전춘>과 <만전춘 별사>의 관계를 다음과 같이 말한다.
成宗 19년 …… 만전춘 등이 비리지사(鄙俚之詞)로 지척(指斥)되었다는 기록으로 보아 世宗時 만전춘의 가사를 봉황음으로 바꾸어 만전춘이라 하였음에도 불구하고 계속 원래의 만전춘 가사가 사용되었음을 알 수 있다. 그러므로 악장가사에는 원래의 만전춘 가사를 말할 때, 세종실록에 개찬(改撰)된 만전춘이 있으므로 하여 만전춘 별사라 하였던 듯하다.……결론적으로 만전춘 별사란 …… 세종 이후 鳳凰吟의 개찬 가사인 만전춘에 대하는 詩題인 셈이다. 그러므로 …… 麗謠를 말할 때는 만전춘 별사가 아니라 여요「滿殿春」이라 하는 것이 타당한 詩題라고 생각한다(pp.198~199). 이 같은 견해는 이후 타당한 것으로 수용되고

궤범의 北殿歌가 …… 宮殿을 배경으로 하고 있으며 …… 고려사 樂志에 실린 唐樂의 題目과 內容을 대조해 보면 하나같이 「殿」을 「宮」의 뜻으로, 「春」을 「봄」의 뜻으로 사용'하고 있다.5)

6. 박노준 : '만전춘'은 '고려 당시부터 조선조 때까지 관습화된 詞調名 붙이기에서 비롯된 것'(p.242)이다. "'만전춘'이라는 이름은 노래 내용과 무관한, 詞에 있어서 사조명과 같은 것"(p.245)으로 본다. 이는 宋詞의 영향이 이 고려 속요의 제목 결정에 작용한 것으로 본다. '<만전춘>과 詞와의 관계'는 '사패(詞牌)로서의 <만전춘>본디가사(原詞)가 있었고, 뒤에 본디가사가 소실되고 그 곡조에 현전의 가사가 얹히어 불리게 된 것'(p.246)이라고 한다.6)

7. 최철 : 殿이 꼭 후궁들의 거소를 지칭하는 것이라고 단정할 수 없지만, 이 노래가 궁중에서 불려졌다는 점을 고려할 때 궁중과 봄날의 화려함이 무대가 되고 있음은 분명하다. 만전춘이란 제목 속에 담긴 의미는, 궁중 뜰은 예가[예나?] 다름없이 봄이 찾아와 도화가 흐드러지게 흩날리지만 여기에 거처하는 화자인 나는 상대적으로 외로움과 우수에 잠긴다는 것을 표현한 것으로 풀이된다.7)

8. 윤영옥 : 「滿殿春」은 '작품의 주제를 상징적으로 표현하기 위한

있다.
5) 이임수 앞의 책 p.212 각주.
6) 박노준, <만전춘 별사>의 제명과 작품의 구조적 이해, 문학한글1, 한글학회(1987). 고려가요의 연구, 새문사(1990)에 다시 실림. 박노준은 '원래의 가사를 그대로 간직한 속요 계통의 <만전춘>은 개찬된 가사의 위세에 눌려 주인의 자리를 빼앗긴 끝에 '별사'가 아님에도 개찬가사와 구별하기 위하여 '만전춘 별사'라는 이름으로 호칭되기에 이르렀다'(p.247)고 한다. 그는 <만전춘 별사>의 '別詞'는 <청산별곡>, <서경별곡> 등의 '別曲'과는 다른 것이라고 하였다(p.266). 다른 학자들은 <만전춘>을 원사로 보고 <만전춘 별사>를 개찬된 것으로 보기도 한다.
7) 최철, 고려국어가요의 해석, 연세대학교 출판부(1996), p.245.

제명'으로 본다.「滿殿春」은 "'滿殿한 春'이라 할 수 있고, '滿堂紅'과 같은 造語라고 생각한다. 비슷한 말로 '滿堂春'이란 것"이 있다고 한다.8)

이상 여증동에서 비롯한 '滿殿春'의 原義는 대체로 다음과 같이 요약할 수 있다.

① 궁전[殿]에, 만원인 참여자[滿], 기대(妓隊)[春].
② 궁전[後宮]에 가득한 봄.
③ 관습화된 사조명(詞調名)으로 노래 내용과는 무관한 것.

①과 ②는 '滿殿春'에 쓰인 한자 '滿殿'의 글자 뜻에만 얽매인 혐이 있고, '春'의 뜻을 '봄'으로만 잘못 본 외곬이 있다. ③은 익재의 <심원춘(沁園春)>이 사조명(詞調名)으로서 작품의 내용과 무관함을 '滿殿春'에도 획일적으로 적용한 흠이 있어 보인다. 또한 ≪문체명변(文體明辯)≫의 '詩餘部', '時令題'의 항목으로, '滿殿春'과 유사한 제명들9)이 이들 노래의 내용과 일치하지 않음의 원인을 간과하고 이를 '만전춘'에 확대 적용한 것으로 보인다.

---

8) 윤영옥,「만전춘」별사의 재음미, 성균관대학교 인문과학연구총서 제1집「고려가요 연구의 현황과 전망」, 집문당(1996), p.235.
9) 徐師曾의 ≪문체명변(文體明辯)≫(附錄 卷之六)의 '詩餘十一', '時令題'(文體明辯 四, 昕晟社, 1984, pp.334~340)의 항목으로, '滿殿春'과 유사하다고 한 제명들 : 낙양춘(洛陽春)・화당춘(畫堂春)・해당춘(海棠春)・통천춘(洞天春)・월궁춘(月宮春)・무릉춘(武陵春)・금당춘(錦堂春)・금장춘(錦帳春)・옥당춘(玉堂春)・사지춘(謝池春)・월계춘(越溪春)・봉루춘(鳳樓春)・새원춘(塞垣春)・한궁춘(漢宮春)・연대춘(燕臺春)・제대춘(帝臺春)・강도춘(絳都春)・심원춘(沁園春). 이들을 '時令題' 아래에 두었다고 하여 '~春'을 '~봄'으로만 볼일이 아니다. 이들은 기원적으로 술 이름[酒名]이다. 맨 앞에 있는 '洛陽春'은 아직까지도 '술 이름'으로 쓰이고 있다.

三. 필자의 생각

'만전춘(滿殿春)'은 술의 이름이라고 본다. 즉 '만전춘'은 '한산춘'[10], '약산춘(藥山春)'[11], 소춘(燒春),[12] 토굴춘(土窟春), 석동춘(石凍春), 이화춘(梨花春)[13]과 같은 술 이름의 하나라고 본다. 그 이유는 다음과 같다.

1. 조선시대에 '만전향주(滿殿香酒)'[14])란 술이 있었고, '만전향주국

---

10) 윤서석, 우리 나라 식생활 문화의 역사, (신광출판사, 1999), p.509. 여기에는 이 술의 제조법이 자세히 소개되어 있다. -밑술 : 찹쌀 1말의 지에밥을 차게 식혀 누룩 7홉을 끓인 물에 담가 하룻밤 후에 보에 걸러 자작하게 버무리고 실백 5홉, 후추 1돈, 대추 11개를 각각 주머니에 넣어 항아리 밑에 후추, 밑술 버무린 것, 실백, 밑술 버무린 것, 대추, 밑술 버무린 것(sic)을 넣어 봉한다.
  -소주 보태기 : 3일 후에 백소주 7홉을 넣는다.
11) 이성우, 고려 이전의 한국 식생활사 연구, (향문사, 1978), p.434. 「林園十六志」 정조지(鼎俎志)에 의하면 서충숙공(徐忠肅公)이 좋은 청주를 빚었는데, 그의 집이 약현(藥峴)에 있었기 때문에 그 집 술을 약산춘(藥山春)이라고 한다 …… 우리 나라 술로서 春字가 붙은 것은 여러 번 덧술한 알코올 농도가 높은 좋은 술은 가리킨다. …… 아마 용수를 박아 퍼낸 술이었을 것이다.
12) 소춘(燒春) : 중국 중당(中唐)·만당(晚唐) 시에 검남(劍南, 사천성)에서 소주(燒酒)가 들어 있는 유명한 술. 윤서석 옮김, 중국음식문화사, (민음사, 1995), p.119.
13) 스노다 오사모 지음, 윤서석 옮김, 食物史(중국음식문화사), (민음사, 1995), p.109. 소춘(燒春), 토굴춘(土窟春), 석동춘(石凍春), 이화춘(梨花春)은 중국 당나라 때에 가장 인기가 있었던 술의 상품명이다.
14) 정동효, 우리나라 술의 발달사, (신광출판사, 2004), p.385. 만전향주(滿殿香酒). 출전 : 수운잡방(1500년 초엽). 멥쌀 1말을 여러 번 씻어서 하룻밤 물에 담가 두었다가 곱게 가루를 내어 탕수 3 사발로 개어 죽을 만들고, 차게 식으면 누룩 2되를 섞어 독에 넣고 술을 빚는다. 7일이 지나면 멥쌀 2말을 여러 번 씻어서 하룻밤 물에 담가 두었다가 왼이로 찌고, 탕수 6 사발을 섞어서 차게 식힌 후, 누룩 2되를 섞어 독에 넣고 빚는다. 7일이 지나서 술독 위가 맑아지면 술주자에 올려 짠다.
  정동효의 『우리술 사전』(중앙대학교 출판부, 1995)에는 만전향주(滿殿香酒)에

(滿殿香酒麴)'15)이란 누룩이 있었다. 또 고려시대에는 '만전향(滿殿香)'이란 술이 있었다.

만전향(滿殿香)

    분류 : 향토주
    이 술은 역사적으로 이름만 남아 있는 술이다. 고려 충숙왕 9년(1322)에 심왕 고(瀋王 暠)가 고려의 안비(安妃)에게 보낸 술이다. 지금 심양에서 만든 술인지 혹은 몽고 사람들이 만든 포도주인지 알 수 없다. 특히 여성에게 신기한 술을 보낸 것으로 보아 포도주가 아닌가 한다. 심왕 고(瀋王 暠)는 항상 고려의 왕이 되기를 원했으며 늘 말썽을 부리던 고려 왕족의 한 사람이다.16)

    대하여 다음과 같이 기술하고 있다. 만전향주(滿殿香酒, 외래주) 原典 : 居家必用(원대 초기), 林園十六志(1827). 분류 특급청주, 외래주. 만전향주[약용법주류]는 '중국계 주류'로 '19세기 초(순조 10년, 1810년)에 우리나라에 유입한 외래주의 일종'으로 본다. 또 같은 페이지에 '만전향주(滿殿香酒)'에 대하여 '원전: 林園十六志(1827경), 五洲衍文長箋散稿(1850경). 분류: 이양주'를 밝히고 다음과 같이 <재료>와 <담그는 법>을 설명하고 있다. <재료> ①밑술 : 백미 한 말, 탕수 세 주발, 누룩가루 두 되. ②덧술 : 쌀 두 말, 탕수 여섯 주발, 누룩 두 되. <담그는 법> ①백미 한 말을 깨끗이 씻은 다음 물에 하룻밤 담갔다가 곱게 가루를 낸다. 탕수 세 주발로 죽을 쑤어서 차게 식거든 누룩 두 되를 섞어 독에 넣고 술을 빚는다. ②덧술. 7일이 지나면 쌀 두 말을 깨끗이 씻어 물에 담가 밤새 재웠다가 시루에 쪄서 탕수 여섯 주발을 부어 섞어 차게 식거든 누룩 두 되를 같이 섞어 독에 넣어 빚는다. 7일이 지나서 술독머리가 맑아지면 용수를 박는다.
15) 정동효, 앞의 책, p.172. 만전향주국 : 밀가루와 찹쌀가루에 여러 가지 생약 성분을 첨가하여 디뎌서 띄운 중국 누룩이다. 『임원십육지』에는 『거가필용』을 인용하여 재료는 밀가루 백 근, 찹쌀가루 닷 근, 연화 이백 타, 백지, 정향, 곽복령향 각 두 냥반, 목향 반냥, 백단, 축사, 감초, 단향 닷 냥, 백출 열 냥, 감과 백개를 모두 갈아서 분말 낸 것에 밀가루와 연화즙을 고루 섞어서 디딘다. 덩어리마다 종이로 싸서 봉하여 매달아 49일 후에 사용한다.
16) 정동효, 우리술 사전, (중앙대학교 출판부, 1995), p.178.

이외에도 정동효는 '만전향주(滿殿香酒)'를 다음과 같이 소개하고 있다.

> 만전향주(滿殿香酒, 외래주)
> 原典 : 居家必用(원대 초기), 林園十六志(1827)
> 분류 : 특급청주, 외래주.
> 이 '만전향주(약용법주류)'는 이규경에 의하여 ≪居家必用≫에 근거를 두고 최초로 국내성서 중에 소개된 중국계 주류.[17]

위의 '만전향주(滿殿香酒, 외래주)' 아래에 정동효는 다시 '만전향주(滿殿香酒)'를 다음과 같이 소개하고, <재료>[18]와 <담그는 법>[19]을 기술하고 있다.

> 만전향주(滿殿香酒)
> 原典 : 林園十六志(1827경), 五洲衍文長箋散稿(1850경)

---

17) 정동효는 "이 만전향주를 19세기 초(순조 10년)에 우리 나라에 유입한 외래주의 일종으로 간주한다."고 하였다(우리술 사전, p.179). 그러나 정동효가 밝힌 대로 '만전향주'의 출전인 ≪居家必用≫이 '원대 초기'에 나온 것이라고 한다면 이 설은 재고해야 할 것이다. 또한 '중국계 주류'인지 원나라 즉 몽고계 주류인지도 더 고려해야 할 것이다. 정동효(우리나라 술의 발달사, p.61)에 의하면 ≪居家必用 事類傳集≫은 찬자 미상, 원·금 초기(1200년 초엽)에 저술된, 원·중국 식생활서로, 우리 나라 홍만선(洪萬選)이 지은 『산림경제』에 절대적인 영향을 준 책이라고 한다.
18) <재료>: ①밑술 : 백미 한 말, 탕수 세 주발, 누룩가루 두 되. ②덧술 : 쌀 두 말, 탕수 여섯 주발, 누룩 두 되(우리술 사전, p.179).
19) <담그는 법> ①밑술 : 백미 한 말을 깨끗이 씻은 다음 물에 하룻밤 담갔다가 곱게 가루를 낸다. 탕수 세 주발로 죽을 쑤어서 차게 식거든 누룩 두 되를 섞어 독에 넣고 술을 빚는다. ②덧술 : 7일이 지나면 쌀 두 말을 깨끗이 씻어 물에 담가 재웠다가 시루에 쪄서 탕수 여섯 주발을 부어 섞어 차게 식거든 누룩 두 되를 같이 섞어 독에 넣어 빚는다. 7일이 지나서 술독머리가 맑아지면 용수를 박는다(우리술 사전, p.179).

분류 : 이양주

다시 정동효는 다음과 같이 '만전향주방(滿殿香酒方)'[20]을 다음과 같이 소개하고 있다.

  만전향주방(滿殿香酒方)
  原典 : 林園十六志(1827경), 五洲衍文長箋散稿(1850경)
  분류 : 약용주
  <재료>
  쌀 한 말, 누룩 한 근, 기타 한약제 십여 종, 밀가루 백 근, 찹쌀가루 닷 근.
  <담그는 법>
  목향(木香) 반 냥, 백출(白朮) 열 냥, 백단(白檀) 닷 냥, 감초(甘草) 닷 냥, 곽향(藿香) 닷 냥, 축사(縮砂) 닷 냥, 백지(白芷) 두 냥 반, 정향(丁香) 두 냥 반, 광령(廣笭) 두 냥 반, 영향(岺香) 두 냥 반을 가루로 내고 참외 백 개를 껍질 벗기고 즙을 내고 연화(蓮花?) 이백 타는 다듬어서 즙을 내어 밀가루 백 근, 찹쌀가루 닷 근과 함께 반죽하여 주머니에 넣어 바람이 잘 통하는 곳에 걸어 두었다가 49일 후에 사용한다. 쌀 한 말에 누룩 한 근의 비율로 항아리에 담는다 여름철에는 뚜껑을 열어 놓고 겨울철에는 뚜껑을 닫는데 발효할 때 묽은 찹쌀죽 한 사발을 넣는다고 하였다.[21]

---

20) 여기 '만전향주방(滿殿香酒方)'은 언뜻 '만전향주(滿殿香酒)'를 빚는 방법을 의미하는 것이지 '술 이름'은 아닌 듯하다. '方'의 의미 때문이다. 그러나 서유구(徐有榘)의「林園十六志」제2권(영인본, 서울대학교 고전총서 제5집, 서울대학교고전간행회, 1967, pp.44~469) 권 제7 온배지류(醞醅之類)에는 'ㅇㅇㅇ方'이란 술 이름이 105 개나 보인다. 백하주방(白霞酒方), 소국주방(少麴酒方), 인유향방(麟乳香方), 향온주방(香醞酒方), 부의주방(浮蟻酒方), 석탄향방(惜呑香方) 등이 그것이다. 산림경제(山林經濟)(1674~1720)(上篇, 造諸酒方, 1918, pp.356~381)에도 술의 종류로서 '노주이두방(露酒二斗方), 절주방(節酒方)'이 보이고 있다 (이양순, 조선시대 술의 분류적 고찰, 중앙대학교 대학원 석론, 1980, pp.10~13).
21) 정동효, 우리술 사전, p.179.

서유구(徐有榘)의 「林園十六志」에도 '만전향주방(滿殿香酒方)'[22])이 보인다. 여기 '만전향주방(滿殿香酒方)'은 이상의 '만전춘(滿殿春)'과 함께 술의 이름임이 확실하다. 이 중에도 '춘(春)'은 그저 '술[酒]'이란 뜻을 가진 말이니 '만전(滿殿)'만이 이 술을 뜻하는 명사였을 것이다.
'춘(春)'이 붙은 술의 이름과 출전을 대충 밝히면 다음과 같다.

1) 지봉유설(芝峰類說) : 소춘(燒春), 국미춘(麴米春), 나부춘(羅浮春), 연각춘(軟脚春), 옥굴춘(玉窟春).[23])
2) 음식디미방[24]) : 약산춘.
3) 山林經濟[25]) : 藥山春.
4) 增補 山林經濟[26]) : 藥山春酒.
5) 林園十六志 : 동정춘방(洞庭春方), 원액춘방(瑗液春方), 죽엽춘방(竹葉春方), 백화춘방(白花春方), 만전향주방(滿殿香酒方), 약산춘방(藥山春方), 춘주방(春酒方), 봉래춘방(蓬萊春方), 호산춘방(壺山春方),

---

22) 서유구(徐有榘)의 「林園十六志」제2권(영인본, 서울대학교 고전총서 제5집, 서울대학교고전간행회, 1967, pp.44~469) 권 제7 온배지류(醞醅之類). 이양순, 조선시대 술의 분류적 고찰, 중앙대학교 대학원 석론, 1980, p.12).
23) 이수광 저, 남만성 역, 지봉유설, (을유문화사, 1975, p.434, 625) 하권 食物部 酒條. 봄술은 醫方에서는 美酒라고 한다. 아마도 이것이 지금의 三亥酒 따위인 듯싶다. 상고하건대 <昌藜集> 註에 말하기를, 「시에 봄술을 만든다[爲此春酒]라고 한 구절이 있다.」라고 했다. 이것을 후세 사람들은 술 이름이라고 해서 국미춘, 나부춘, 연각춘, 옥굴춘 등이라고 하니 이루 셀 수가 없다(春酒醫方云 美酒也 疑今三亥酒之類 按昌藜集註曰 詩爲此春酒 後人因爲名酒名如 麴米春 羅浮春 軟脚春 玉窟春 云者不可悉數).
24) 음식디미방(1598~1680) : 이 책은 조선시대 선비 가문의 여성이 쓴 저서로서 40여 종의 술 이름이 실려 있다. 황혜성, 「한국요리백과사전」, 朝鮮料理古書篇, 飮食知味方, 삼중당, 1976. 이양순, 조선시대 술의 분류적 고찰, 중앙대학교 대학원 석론, 1980, p.8에서 재인용.
25) 산림경제(山林經濟)(1674~1720) : 增正 懸吐, 「山林經濟」, 상편, 조제주방, 1918, pp.356~381. 이양순, 조선시대 술의 분류적 고찰, 중앙대학교 대학원 석론, 1980, p.10에서 재인용.
26) 增補 山林經濟(1766) : 柳重臨, 국사편찬위원회 소장, 필사본.

두강춘방(杜康春方), 신선벽도춘방(神仙碧桃春方).
6) 규합총서(閨閤叢書)27) : 호산춘28)(韓山春).
7) 양주방(釀酒方)29) : 호산춘, 백화춘.
8) 동국세시기(東國歲時記)30) : 노산춘(魯山春).
9) 오주연문장전산고(五洲衍文長箋散稿)31), 지봉유설(芝峰類說)32) : 소춘(燒春).

이처럼 술의 이름에 '春'이 붙은 이유는 이 '春'이 다음과 같이 '술'이란 뜻을 가지고 있기 때문이다.

---

27) 규합총서(閨閤叢書)(1759~1824) : 조선 후기의 학자인 徐有本의 부인인 빙허각(憑虛閣) 전주 이씨가 쓴 책. 빙허각 이씨 원저, 정양완 역주, 「규합총서」, 서울, 보진재, 1975, pp.9~33.
28) 한국정신문화원(2001), 한국학자료총서 29, 鄭良婉 家藏 가本1, 규합총서(閨閤叢書). p.40.
29) 양주방(釀酒方)(1753~1897), 정양완, 77 가지의 한국술과 그 담그는 비밀, 뿌리깊은나무, 1977년 10월호, pp.168~181.
30) 동국세시기(東國歲時記) : 이석호 역, 「동국세시기/열양세시기/경도잡지/동경잡기」, 대양서적, 1975, p.65. 三月 月內 …… 평안도 지방에는 감홍로(甘紅露)와 벽향주(碧香酒)가 있고 황해도 지방에는 이강주(梨薑酒), 호남 지방에는 죽력고(竹瀝膏)·계당주(桂當酒), 충청도 지방에는 노산춘(魯山春) 등이 가장 좋은 술들이다.
31) 소춘(燒春) : 당나라 때 검남 소춘이(란 술이) 있었다고 하였으니, 당나라 때부터 이미 소춘이란 술이 있었다(唐時有劍南燒春則 自唐已有之矣.(五洲衍文長箋散稿 권37 阿剌吉酒黃酒辨證說). 검남(劍南)은 唐 貞觀의 초에 설치된 道名으로서 四川省의 검각(劍閣) 이남 大江 이북과 감숙성(甘肅省) 파총산(嶓冢山) 이남의 지역을 말한다(장지현, 한국외래주유입사연구, 수학사, p.70 참조).
32) 이수광 저, 남만성 역, 지봉유설, (을유문화사, 1975, p.438, 626) 하권 食物部 酒條 : 장적의 시에 말하기를, "술을 빚는 데는 마른 반죽으로 빚는 것이 좋다."고 했다. 상고하건대 <酒譜>에 말하기를 "이것은 지금 사람들이 물을 붓지 않고 만드는 술이다. 병주와 분주 땅에서는 이것을 맛좋은 술이라 하여 건자주라고 한다."라고 했다. 또 술의 좋은 것으로는 검남의 소춘, 하동의 건화, 의성의 구온 등이 있다고 한다(張籍詩曰 釀酒愛乾和 按酒譜云 卽今人不入水酒也 幷汾間以爲美品名曰 乾酢酒 又曰 酒之美者 有劍南燒春 河東乾和 宜城九醞 云云).

春 : ■①봄 춘(四時之始). ②동녘 춘(東方). ③해 춘(年也). ④자랄 춘(生長). ⑤정욕 춘(情慾). ⑥술 춘(酒也). 唐代에 쓰던 술의 딴 이름.[司空圖·詩品] 玉壺買春 賞雨茆屋. ⑦젊은나이 춘(妙齡). ⑧봄기운 춘(春色). ⑨알 춘(卵也). ■진작할 준(振作).[33]

春 : ■①봄. ②酒. 唐代의 通語.[正字通] 春 唐人名酒爲春 國史補 云 酒 有郢之富水春 烏程之若下春 滎陽之上窟春 富平之石東春 劍南之燒春 皆酒名.[司空圖. 二十四詩品] 五壺買春 賞雨.[34] ③卵. ④苠과 같음. ⑤姓. ■움직이다. 일어나다. '蠢'과 통함.[35]

이상으로 '春'이 당나라 이후 '술'이란 뜻으로 씌어 왔음을 알 수 있다.

'만전춘(滿殿春)'이 술의 이름이라고 한다면 이 '만전(滿殿)'의 뜻이 무엇일까 궁금한 일이다.

1) '만전(滿殿)'의 의미
우선 '滿殿'의 음을 알아본다.

滿 : man(M.). mūn(C.). muân(A.).[36]
殿 : (集韻)堂練切. diàn.[37] (集韻)堂練切. tien4.[38]

이상으로 '滿殿'의 음은 북경 관화로 대략 '만뎐'쯤일 것으로 추측할

---

33) 교학사(1998), 교학 대한한사전.
34) 司空圖의 詩가 敎學 대한한사전의 그것과 약간 다르다.
35) 諸橋轍次, 大漢和辭典, 大修館書店.
36) 칼그렌, 한자고음사전, p.192. No.597.
37) 교학사(1998), 교학 대한한사전.
38) 諸橋轍次, 大漢和辭典, 大修館書店, 권6 p.780.

수 있다. 고려 가요 '만전춘 별사'가 몽고의 지배 하에 있던 고려시대에 불려진 노래라고 한다면 몽고어와의 관련을 고려해 볼 만하다.

  黃酒 술 ○다라수. 燒酒 -- ○아리키. 醴酒 감쥬 ○움단. 渾酒 탁쥬 ○닐컬 다라수.39)
  umdan(몽고어), niyara / 댜라 (만주어), 감쥬[醴酒] [蒙上:47a] ＜文上:60a＞. 둔술[酒釀] ＜淸12:42b＞. ＜酒釀＞＜合3:85b＞.40)

≪몽고어대사전≫(몽화지부)41)에서 'omtan. omta'를 찾아보면 다음과 같이 풀이되어 있다.

  omtan, omta : [酒釀·熱湯] ■白酒. 甘酒. ■飮料.

이들 중 '만전(滿殿)'과의 연결 가능성을 가진 것은 '예주(醴酒)' 즉 '감쥬[甘酒]'42)·'단술'을 뜻하는 몽고어 '움단'이다. '예주불설(醴酒不設)'43)이라는 말이 있는 것이나, 詩經의 다음과 같은 글이 있음으로 보아, '예주(醴酒)'가 귀한 손님을 맞이하는 좋은 음료 혹은 제례용이었음을 알 수 있다.

---

39) 蒙語類解 상 47a.
40) 김형수(1994), 몽고어·만주어 비교어휘사전, 형설출판사, p.936.
41) 일본육군성 편, 몽고어대사전 상 몽화지부 p.328. 다시 ≪몽고어대사전≫(화몽지부)에서 'amazake(甘酒)'를 찾아보면 'buram un arihi'라고 되어 있다. 이것은 본고에 별 도움을 주지 못한다.
42) 감쥬[甘酒] : 하룻만에 만들어지는 술이다. …… 예(醴)라고도 쓴다. 한대(漢代)의 중례(重醴)·예제(醴齊)가 이것에 해당한다. 한반도 역시 그 역사가 오래되었다. 조선왕조 때의 궁중 혼례 시에는 예주(醴酒)를 혼례술로서 사용하였다. 이로 미루어 보아 고려 때에는 궁중의 술로 특히 궁중의 제례(祭禮)에 쓰였던 술로 보인다.
43) 예주불설(醴酒不設) : 단술을 마련하지 않음. 사람을 대우하는 정성이 약해짐의 비유.

以御賓客 且以酌醴 [詩·小雅吉日]44)(빈객에게 올리고/ 또 단술을 떠서 올리도다.)

감쥬[甘酒]는 하루만에(sic) 만들어지는 술이다. …… 예(醴)라고도 쓴다. 한대(漢代)의 중례(重醴)·예제(醴齊)가 이것에 해당한다. 한반도에서도 역시 그 역사가 오래되었다. 조선왕조 때의 궁중 혼례 시에는 예주(醴酒)를 혼례술로서 사용하였다.45) 시경에 보이는 예주(醴酒)나 조선왕조 때의 궁중 혼례 시에 쓰였던 예주(醴酒)나, umdan(몽고어), niyara / 냐라 (만주어), 감쥬[醴酒] [蒙上:47a] <文上:60a>. 돈술[酒醲]은 '滿殿'의 원형으로서 대동소이한 것으로 보인다. 그러나 뒤로 올수록 '滿殿春'처럼 '春'자가 붙으면서 알코올 도수가 높은 것을 뜻하게 되었다.46)

요즈음 제사에 쓰는 '예주(醴酒)'는 甘酒(甜酒 : 첨주, 식혜)를 가리킨다. 그러나 「주례」, 「예기」의 '예주'는 '酒'가 붙은 것으로 보아 알코올을 함유하고 있었던 것으로 보인다.47)

---

44) 주자 주에서 "'醴'는 술 이름이다. 「周官」 五齊에 두 번째가 예제이니, 注에 이르기를 "단술이 이루어지면 즙과 찌꺼기를 함께 올리니, 지금의 첨주(甜酒)와 같은 것이다."하였다.
45) 김상보, 한국의 음식생활문화사, (광문각, 2004) p.223. 김상보에 의하면 만드는 법은 다음과 같다.
밥과 쌀누룩을 동량으로 혼합하거나 밥과 쌀누룩을 동량으로 혼합한 것에 동량의 물을 첨가하여 55℃ 전후로 하룻밤 놓아두면, 밥 및 쌀누룩에 함유되어 있는 전분이 쌀누룩이 가진 당화효소에 의하여 분해되어 포도당이 됨으로써 단술이 된다.
46) 이성우(1978), 고려 이전의 한국식생활사 연구, 향문사, p.188. 434. 宋代의「夢梁錄」에서는 "水晶紅白燒春"을 설명하여 그 맛이 향기롭고 연해서 입 속에 넣으면 날아가 버린다고 하였다. 唐代부터 술이름에는 흔히 春字가 쓰였다. 이것은 알코올 도수가 높은 술을 가리킨다. 燒春은 알코올 도수가 높아서 春字를 붙인 소주를 가리키는 것 같다.
47) 이성우, 고려 이전의 한국식생활사 연구, (향문사, 1978), p.193.

2. '만전춘 별사'의 제5연 제5행에 나오는 '藥든 가슴을 맛초읍사이다'의 '藥'은 바로 술이라고 볼 수밖에 없다. '가슴에 든 藥' 곧 이별의 아픔을 없애주는 묘약(妙藥), 영약(靈藥)48)은 여기서 술일 수밖에 없기 때문이다. 여기 '가슴에 든 藥 곧 이별의 아픔 혹은 양주동이 밝힌 '相思를 고칠 藥'49) '妙藥, 靈藥'은 바로 '藥든 가슴'의 '藥'이다. 그것은 바로 '술'이다. 여기서 '이별을 없애 주는 妙藥 靈藥'으로서의 술은 '없음'이 아니라 '있음'임을 유의해야 한다. 오히려 이 '藥'은 마셔서 가슴에 들어 있다. '藥든 가슴'의 '든'의 기본형은 물론 '들다'로 그 중심적 의미는 '入'50)이다. 이 다의어의 여기서의 의미(주변적 의미)는 '음식을 먹거나 마시다'이다. 여기서는 이미 '藥(술)'을 마셨다.51) 이 '藥[술]'을 마신 가슴을 '맞추십시다'라고 적극적인 성애를 표시한다. 이 '藥[술]'은 '만전춘'이란 술이다.

3. 조선조 세종 24년 임술 2월 22일(계축)에는 관습도감(慣習都鑑)에 전지(傳旨)하여 "지금부터 조정에서 중국 사신을 위로하는 잔치를 할 때에는 呈才는 없애고 행주시(行酒時)에 낙양춘(洛陽春), 환궁악(還宮樂), 감군은(感君恩), 만전춘(滿殿春), 납씨가(納氏歌) 등의 曲調를 섞어서 연주하라."52)고 하였다. 여기 보이는 '행주(行酒)'란 '잔에 술을 부어

---

48) 윤영옥, 「滿殿春」 별사의 再吟味', 성균관대학교 인문과학연구소 편, 고려가요 연구의 현황과 전망, (집문당, 1996) p.245. 윤영옥은 「'가슴에 든 藥' 곧 이별을 없애 주는 妙藥 靈藥이 없음에야 이러한 기원은 공허하다. 허전하다.」고 하였다.
49) 양주동, 여요전주(을유문화사, 1963), p.378.
50) 양주동, 여요전주(을유문화사, 1963), p.378.
51) 여기 '藥'을 '相思를 고칠 藥'(양주동), '藥든가슴'을 "相思病을 나구어줄 임의 가슴. 앞 句의 '麝香각시'와 關聯된다".(지헌영), '사향의 향낭'(박병채, 최철)으로 보기도 한다. 그러나 '만전춘'이 술의 이름임과 '만전춘 별사'가 권주가(勸酒歌)의 성격을 띤 노래임을 고려하면 이들은 무리다.
52) 『세종실록』 권95 22장 b.(왕조실록 4집 400면) 傳旨慣習都鑑 自今朝廷 使臣慰宴時無呈才 行酒時則以洛陽春 還宮樂 感君恩 滿殿春 納氏歌等曲 相間迭奏. 왕

돌림'을 뜻하는 말로 '행배(行杯/行盃)'와 같은 말이다. 이 '행주'할 때에 연주하는 이들 곡은 일종의 '권주곡(勸酒曲)'이다. 여기서 '낙양춘'이 오늘날까지도 술 이름인 것과 같이 '만전춘'이 술 이름임을 알 수 있다.

4. 고려 말기 및 조선조 술의 기본 패턴은 약주(藥酒) · 탁주(濁酒) · 소주(燒酒)였다.53) 고려에서는 청주(淸酒)를 약주(藥酒)라고 하였다.54) 그 이유는 금주령이 내리면 권력자는 어떻게든 마시지만 백성들은 못 마셨다. 이로 보아 금주령 아래서 특권계급은 청주를 약양주(藥釀酒 : 약재를 넣고 빚은 술)인 양 사칭하면서 마시고 있어 드디어 백성들은 점잖은 이가 마시는 술을 모두 약주라고 부르고, 더욱 나아가서는 좋은 술인 청주를 약주라고 해버린 것 같다. 이외에 진귀한 것에 '藥'字를 붙인 것으로 보아 좋은 술이란 뜻으로 청주를 약주라고 한 듯도 하다. 혹은 약현(藥峴)에 살던 약봉(藥峰) 서성(徐渻)이 빚은 좋은 술 '약산춘(藥山春)'이 '약주'가 되었다고도 한다. 또는 조선 중종 때 약현(藥峴)에 살던 이씨부인(서해:徐嶰의 부인)의 유명한 '藥峴술집'의 술에서 '약주'가 되었다고도 한다.55)

하여간 '청주'나 좋은 술을 '약주'라고 하였음을 알 수 있다. 술을 약으로 마시던 시절도 있었고,56) 약을 먹을 때 술과 함께 마시던 때도 있

조실록의 번역은 다음과 같다. 관습 도감(慣習都鑑)에게 전지(傳旨)하기를, "지금부터 중국 사신에게 위로연([慰宴])을 베풀 때에 정재(呈才)가 없고 술만 마실 때는, 낙양춘(洛陽春) · 환궁악(還宮樂) · 감군은(感君恩) · 만전춘(滿殿春) · 납씨가(納氏歌) 등의 곡조(曲調)를 서로 틈틈이 바꿔가면서 연주하도록 하라."하였다.

53) 이성우, 고려이전의 한국식생활사 연구, (향문사. 1978) p. 433. 439.
54) 이성우, 고려이전의 한국식생활사 연구, (향문사. 1978) p. 433.
55) 이성우, 고려이전의 한국식생활사 연구, (향문사. 1978), pp. 433~434. 고려 때부터 '청주'를 '약주'라고 한 것으로 보아, '약주'의 어원을 조선조 어에서 찾는 것은 무리라고 본다. 다만 (좋은) 술에 '藥'자를 붙인 것에 주목하고자 한다.

었다. 이 때 술은 약과 구분되지 않았다. 하나였다. 즉 '술'을 '약'이라고도 하였다. 이로써 '만전춘'에 나오는 '약'은 '술' 곧 '만전춘'임을 알 수 있다.

四. 결론

고려가요 <만전춘 별사>의 '만전춘'의 어원적 의미는 '술 이름'이다. 그것은 다음으로 알 수 있다.

1. '한산춘', '약산춘', '소춘', '토굴춘', '석동춘', '이화춘'이 술의 이름임과 같이 '만전춘'은 어원적으로 술의 이름이었다.
2. 조선 시대에 있었던 '만전향', '만전향주'가 술이었음과 같이 '만전춘'은 어원적으로 술의 이름이었다.
3. '만전춘'의 '만전(滿殿)'은 '단술 몽고어[umdan]의 고려 음운화(高麗音韻化)에 의한 [만뎐]의 음차표기로 보인다. 그 의미는 '예주(醴酒)/ 감주(甘酒)/ 돈술'이라고 본다. 뒤에 '春'자가 붙으면서 알코올 도수가 높은 술로 그 의미가 변한 것으로 보인다.
4. <만전춘 별사>의 제5연 제5행에 나오는 '藥'은 '술'로 보이며, 이 술은 궁극적으로 '만전춘'이란 술로 보인다.

---

56) 술을 약으로 마시던 시절도 있었고 : 이수광 저, 남만성 역, 지봉유설, (을유문화사, 1975, p.436, 626). 소주는 元나라 때에 생긴 술인데, 오직 이것은 약으로만 쓸 뿐으로 함부로 먹지는 않았다. 그런 때문에 풍속에, 작은 잔을 가지고 소주잔이라고 했다(燒酒 出於元時而 唯爲藥用 不堪放飮 故俗謂 小杯曰 燒酒盞).

<참고 문헌>

국어국문학회·편, 고려가요연구, 국어국문학연구총서 ②, 정음사, 1979.
김상보, 한국의 음식생활문화사, 광문각, 2004.
김형규, 「고가요주석」, 일조각, 1974.
려증동, 「만전춘 별사 연구(1)」, 『어문학』 33, 한국어문학회, 1975.
박노준, 고려가요의 연구, 새문사, 1998.
＿＿＿, <만전춘 별사>의 제명과 작품의 구조적 이해, 문학한글 1, 한글학회, 1987.
＿＿＿, <滿殿春別詞>의 題名과 작품의 構造的 이해」, 고려가요의 연구, 새문사, 1990.
박병채, 새로고친 고려가요의 연구, 국학자료원, 1994.
徐師曾, 文體明辯, 旿晟社, 1984.
성현경, 「만전춘별사」의 구조, 고려시대의 언어와 문학, 한국어문학회, 형설출판사, 1975.
＿＿＿, 「만전춘 별사 재론」, 『한국 고전시가 작품론』 1, 집문당, 1992.
스노다 오사모 지음, 윤서석 옮김, 중국음식문화사[食物史], 민음사. 1995.
양주동, 여요전주, 을유문화사, 1963.
오정란, 「만전춘」해석의 재고, 『어문논집』 26, 고려대 국문학연구회, 1986.
윤서석, 한국식품사연구, 신광출판사, 1974.
＿＿＿, 한국의 전래생활, 수학사, 1983.
＿＿＿, 제민요술, 민음사, 1993.
＿＿＿, 우리나라 식생활문화의 역사, 신광출판사, 1999
윤성현, 「만전춘 별사를 다시 생각함」, 『연세어문학』 24, 1992.
윤숙자, 한국의 저장 발효음식, 신광출판사, 2003.
이경선 교주, 규합총서(신구문고 5), 신구문화사, 1974.
이성우, 고려이전의 한국식생활사연구, 향문사, 1978.
이양순, 조선시대 술의 분류적 고찰, 중앙대학교 대학원(석론). 1980.

이임수, 여가연구, 형설출판사, 1988.
장사훈, 「만전춘 형식고」, 『고려가요연구』, 정음문화사, 1990.
장지현, 한국외래주유입사연구, 수학사, 1996.
정동효, 우리술사전, 중앙대학교 출판부, 1995.
_____, 우리나라 술의 발달사, 신광출판사, 2004.
조연숙, 「滿殿春 別詞」에 나타난 時·空意識, 숙명여자대학교 한국어문학연구
    소, 어문논집 제5집, 1995.
조재선, 한국발효식품연구, 기전연구사, 1981.
지헌영, 향가여요신석, 정음사, 1976.
최철, 고려국어가요의 해석, 연세대학교 출판부, 1996.
한국정신문화연구원, 규합총서(한국학자료총서 29), 2001.
허남춘, 고려속요와 민속, 성대문학(구용 김영도 교수 정년기념) 제25집, 성균
    관대학교 국어국문학과, 1987.

청산별곡 제8연에 나온 '가다니'의 의미 고찰

본고는 청산별곡 제8연 제1, 2행1)에 나오는 '가다니'의 의미 탐색을 목적으로 한다. 필자는 이미 '가다니'의 의미 탐구를 위한 네 가지 방법을 시도한 바 있다. 이를 요약하면 다음과 같다.2)

①가다니 ②비 브른 도긔
설진 강수를 ③비조라

첫째 ①'가다니'를 작중화자의 행위로 보는 방법.
이는 이제까지의 선학들이 취한 방법이다. 이에 의해 「가더니」의 古形(양주동), '가자니'(홍기문),3) '가더니'(김형규), '가서는'(김완진)으로 풀었다.

둘째는 ①'가다니'와 ②'비 브른 독'을 동격으로 보는 방법.
현대 우리 말에서는 물론 고려어에서도 다음과 같은 용법이 있었을 것이다. ①'가다니'가 무생(無生)의 존재이고 ②'비 브른 독'이 주지하는 바와 같이 무생의 경우.

---

1) 제8연 제1, 2행이란 '가다니 비 브른 도긔/ 설진 강수를 비조라'를 말함.
2) 자세한 것은 강헌규(2004), 고가요의 주석적 연구(한국문화사). pp.166~173 참조.
3) 홍기문(1959), 고가요집, 해외우리어문학연구총서 75. 한국문화사. p.301.

①고가(古家) ②귀신 나올 듯한 집.
①산 ②높은 야망.
①대학 ②학문의 전당.

이는 이탁이 취하여, '가다니'는 백제가 부여로 남천한 뒤 거기에서 발달된 토기형으로서, 백제의 칭호가 'ᄀ단'으로 변한 뒤에 그 이름도 '가단이' 독이라고 일컫던 것이라고 하였다.
셋째는 ①'가다니'를 ②'비 브른 독'을 수식하는 말로 보는 방법
'가다니'의 뜻이 불분명한 현재 ①'가다니'를 ②'비 브른'을 한정하는 부사어로 보는 방법이다. 예를 들면 다음과 같다.

①아주/ 무던히/ ②'비브른 독'

지헌영은 '가다니'를 '비 브른 독'을 수식하는 말로 보아 '가느다란?, 기드란?'4)으로 해석하였다. '독(甕)'을 수식하는 말 '비 브른'의 앞에 다시 수식하는 말인 형용사의 관형사형이 오는 것은 자연스러운 국어 어법이 아니다. 더구나 유려하기 그지없는 청산별곡의 어법에서는 불가능한 일이다.5) 이들 관형사형 앞에는 부사어가 오는 것이 더 자연스러운 국어 어법이다. 필자는 청산별곡과 이규보 한시와의 대비 관계 탐구 과정에서, '가다니'와 '게[蟹]'의 관련 가능성을 추구하였다. 이것은 '게'를 뜻하는 방언들과, '게'를 뜻하는 인근 제국어 'katuri'(카투리) <만주어>, kani <일어>들과의 비교 가능성 때문이었다. '비 브른 독'의 측면도와, 게[蟹] 껍데기의 평면도와의 유사성을 고려해서였다.

---

4) 지헌영(1947), 향가여요신석, (정음사), p.123.
5) '독(甕)'을 수식하는 말 '비 브른'의 앞에 올 수 있는 말은 용언의 부사형이거나 부사이어야 자연스러울 수 있다. 즉 이런 경우에는 '가다니'가 부사형이거나 부사이어야 한다. 그러나 '가다니'는 부사형이나 부사는 아니다.

그러나 '게처럼 비 브른 독'을 가정할 때 '-처럼'이란 조사가 없음이 문제였다.

넷째는 ①'가다니'를 본가 제8연 제2행의 ③'설진 강수를 비조라'의 주체[주어]로 보는 방법.

이는 '가다니'를 '주격의 체언'으로 보는 방법이다. 이 '주격의 체언'으로서 술을 빚는 존재는 '사람'으로서 '여성'임이 자연스러운 상황이다. 그는 바로 '처(妻)', '할머니', '술 빚는 여인'이 더욱 자연스럽다.6)

이 넷째 방법에 의해 '가다니'의 뜻을 '처(妻)'로 보고자 한다. 그 이유를 필자는 다음과 같이 추구하였다. '가다니'는 '처(妻)'를 뜻하는 '갓·가시'의 고형 '갓'과, '처' 또는 '부인'을 뜻하는 '아니·안히·안해·아니'의 고형 '아니(阿尼)'의 복합어다. 이는 현대어에서도 흔히 보이는 '역전앞'·'처갓집'과 같은 동의어반복으로 보인다. '갓 + 아니'가 '가사니'가 되지 않고 '가다니'가 된 것은, '옷안[衣內]·젖어미[乳母]'가 각각 '[오단]·[저더미]'로 발음하는 절음법칙에 의함이다.7)

현재 필자의 생각은 넷째 방법에 보완할 점이 있다고 생각하게 되었다. 그것은 '가단' 또는 '가다니'를 '처(妻)'를 뜻하는 고려어로 추정하면, 동계통어라고 하는 언어들에 그 흔적이 있느냐 하는 것이 문제다. 터키어에 그 흔적을 찾을 수 있다. 몽고어 또는 만주어에서 '아내'를 뜻하는 '가다니'와 유관한 말들을 찾기는 쉽지 않다.

  wife : ГЭРГИЙ(gergij), ЭХНЭР(exner)8), ЭХНЭР(exner), аВГаЙ(avgaj),

---

6) 이 셋째 방법은 박영호 군의 탁견에 의한 것임을 여기 다시 밝힌다.
7) '갓 + 아니'가 절음법칙의 적용을 받지 않는 경우도 있다. '가시내', '가시아(假斯兒)', '가사나해(假斯那海)' 등이 그 예라고 본다. 이것은 지명에서 '못[池] + 안[內]'이 '모단 >모란'이 된 경우도 있고, '모산'이 된 경우도 있는 것과 유사하다.
8) S. Senghee, English Mongolian Dictionary, p.308.

ГЭРГИЙ(gergij)[9], 正娘子[10] 쳐○ 어머 一云 걸게[11], eme[12](몽고어).
妻 안히 : 살간[13], sargan[14](만주어).

터키어에는 '처(妻)'를 뜻하는 '가다니'와 연결 가능한 말이 보인다.

wife : χätûn(터키어)[15], karı[16](처, 부인)(터키어), kadın(여자, 부인, 부녀, 여사, 숙녀)(터키어)[17].
처가(妻家) : evli kadının babasının evi(one's wife home).[18]
가정부인, 주부 : ev kadını.[19]

이상의 '아내, 부인, 여자, 여사, 숙녀'를 뜻하는 터키어는 고려어 '아내[妻]'를 뜻하는 '가단' 또는 '가다니(kadani)'와 같은 말로 보인다. 이렇게 추정하면서 앞으로 발굴되는 고려어 또는 조선조어 자료에서, '처(妻)'를 뜻하는 '가단' 또는 '가다니'란 말이 발견되기를 고대하여 본다. 계림유사의 제보자가 언중의 고려어를 정확히 제보하였더라면, '妻曰' 다음에 '가다니'의 음차표기가 오늘날까지 남아있게 되었을 것이라고

---

9) 여병무・강선화(1994), 한몽소사전, (울란바타르 한국어 학교), p.159.
10) '낭자(娘子)'란 ①소녀 또는 부인(婦人)의 통칭. ②어머니. ③아내. 또는 고관의 부인. ④비빈(妃嬪)의 칭호. ⑤창기(娼妓). 여기서 '정낭자(正娘子)'란 '정처(正妻)'를 말함.
11) 蒙語類解 上, p.8b.
12) 김형수(1994), 몽고어・만주어 비교어휘사전, (형설출판사), p.266.
13) 한한청문감, p.140b.
14) 김형수(1994), 몽고어・만주어 비교어휘사전, (형설출판사), p.266.
15) G. Raquette(1927), English- Turki Dictionary, p.134.
16) 최한우(1992), 한국어-터키어 사전, (태학사), p.448.
    서재만(2001), 터어키-한국어사전, (한국외국어대학교 출판부), p.195.
17) 서재만(2001), 터어키-한국어사전, (한국외국어대학교 출판부), p.186.
18) 최한우(1992), 한국어-터키어 사전, (태학사), p.448. 축어역을 하면 '결혼한 아내의 아버지의 집'이란 말이다.
19) 서재만(2001), 터어키-한국어사전, 한국외국어대학교 출판부, p.114.

생각한다. 오늘날 남아있는 '妻'의 명사로서의 훈은 대개 다음과 같다.

겨집(訓蒙比叡上16a)(訓蒙 東大・尊經・東國上31a)(類合上19b)
안해(倭解上12b)
안희(字類上29b)(兒學上1a)

이외에 '가단' 또는 '가다니'가 있어야 할 것이다. 다음의 방언 및 고어들은 고려어 '가단' 또는 '가다니'의 후대 형태로 보인다. 이들은 고유어가 방언이나 고어 또는 비속어로 전락한 좋은 예로 보인다. 유성음 간의 [t]가 [n]으로 음운변화한 후에 그 형태가 변화한 것으로 보인다.

간나 : <방언> ①계집. ②갈보(함경).
간나이 : <방언> 계집아이(경북).
간나희 : <옛> 계집아이. 女孩兒 간나희(字會 上 32).
근나희 : <옛> 갈보. 쏘 건니 근나희 집의 가(又常到婊子家裏去)(老乞 下 46).
근나희 : <옛> 갈보. 계집아이. 근나희(養漢的)(同文 上 14).[20]

'아내[妻]'를 뜻하는 일본어 '家內(かない. kanai)'도 터키계어 'kadani'의 음운변화를 거친 말의 음차표기인 것으로 보인다. 즉 모음 사이의 [d]가 [n]으로 음운변화한 후에 중복되[n]의 탈락으로 보인다.

필자가 '처(妻)'를 뜻하는 고려어를 추적하면서 '가단' 또는 '가다니'를 제시하였으나, 원형은 '가단'으로 보인다. '가다니'는 '가단 + ㅣ'로 형태소 분석이 가능하다. 이 'ㅣ'는 주격의 기능과 명사형성 접미사로서의 기능을 겸하고 있다고 볼 수 있다.

이상과 같이 '가다니'의 뜻을 추적하고서, 제8련 제 1, 2행 "가다니

---

20) 이희승 국어대사전 참조.

빈 브른 도긔/ 설진 강수를 비조라"를 해석하여 본다.

아내는 배 퍼진 독[甕]에/ 좋은 강술을 빚는구나.21)

<참고 문헌>

강헌규(2004), 고가요의 주석적 연구, 한국문화사.
김형수(1994), 몽고어·만주어 비교어휘사전, 형설출판사.
_____(1996), 만주어·몽고어 비교어휘사전, 형설출판사.
남광우(1995), 古今漢韓字典, 인하대출판부.
_____(1997), 고어사전, 교학사.
서재만(2001), 터어키-한국어사전, 한국외국어대학교 출판부.
지헌영(1947), 향가여요신석, 정음사.
최한우(1992), 한국어-터어키어 사전, 태학사.
홍기문(1959), 고가요집.
서울대학교 고전총서, 몽어유해.
몽고어대사전 상, 몽화지부.
몽고어대사전 하, 화몽지부.

---

21) '설진', '강술', '-오-'의 의미에 대하여는 강헌규(2004), ≪고가요의 주석적 연구≫를 참조 바람. '배 퍼진 독[단지]에 술을 빚고 있는 아내를 바라보고 있는 작중화자'는 무엇을 하고 있을까? 이 광경은 두보의 '강촌(江村)'을 생각하게 한다. "맑은 강 한 굽이 마을을 안고 흐르나니/ 긴 여름 강촌은 일마다 한가롭다./ 절로 가며 절로 오는 것은 집 위의 제비이고/ 서로 친하며 서로 가까운 것은 물 가운데 갈매기로다./ 늙은 아내는 종이에 바둑판을 그리고/ 어린 아들은 바늘을 두드려 낚시를 만들고 있다./ 많은 병에 얻고자 하는 것은 오직 약물뿐이니/ 미천한 이 내 몸이 이밖에 또 무엇을 구하리요.//(淸江一曲抱村流/ 長夏江村事事幽/ 自去自來梁上燕/ 相親相近水中鷗/ 老妻畵紙爲棋局/ 稚子敲針作釣鉤/ 多病所須惟藥物(但有故人供祿米)/ 微軀此外更何求//)."

韓漢淸文鑑.

韓漢淸文鑑索引.

훈몽자회.

G. Raquette(1927), English- Turki Dictionary.

고가요(古歌謠)에 보이는 몇 단어의 의미 고찰
A Study on the Meaning of Some Words Appeared in the Old Korean Songs
― 뒤늦게 주운 이삭들의 모음 ―

1. 들어가는 말
2. '구지가(龜旨歌)'의 '수기(首其)'를 '동자(童子)'를 뜻하는 '바기'의 향찰식 표기로 해석한 데 대하여
3. '사모곡'의 '호미'·'눌ㅎ'·'낟'의 의미에 대하여
4. 고려가요 '가시리'의 '션ᄒᆞ면 아니올셰라'의 '션ᄒᆞ면'에 대하여
5. 청산별곡에 대하여
6. 끝막는 말

〈벼리〉

본고는 그동안 발표한 필자의 논문 또는 단행본 내용 중 오류를 수정하거나 새로운 논증을 보강하기 위한 것이다.

'구지가'에 나오는 '수기(首其)'는 '동자(童子)'를 뜻하는 '바기'의 향찰식 표기였다. 또 '사모곡'의 '호미'는 우리들이 흔히 쓰는 '낫'이고, '낟'은 '큰 낫'을 가리키며, '눌ㅎ'은 '호미'와 '낟'의 범칭이었다. '가시리'의 '션ᄒᆞ면'은 '마음에 사무치어 눈앞에 암암히 보이는 듯하다'의 뜻이었다.

그 외에 '청산별곡'에서 제4련, 제7련, 제8련의 구와 단어들을 새로운 시각에서 그 의미를 규명하였다.

1. 들어가는 말

본고는 필자가 이미 논문 혹은 단행본으로써 발표한 필자의 소견에 산재해 있는 오류의 수정 혹은 새로운 논증의 보강을 목표로 한다. 이미 발표한 논문 혹은 단행본의 오류는 개정판을 통하여 수정·보완하는 것이 가장 온당한 방법일 것이나, 이것은 용이한 일이 아니다. 이 같은 방법으로라도 전과를 바로잡을 수 있으면 참으로 다행이라고 생각한다. 이곳에서 뜻하는 시정 작업마저 오류를 범하지 않는다는 보장도 없다. 필자의 최선을 다하는 수밖에 없다. 공부하는 도중에 더러는 필자가 이미 발표한 논문이나 단행본의 소견이 옳았었다는 것을 확인하면서 그 논증 자료를 보강하는 경우도 있음을 밝힌다. 자화자찬이 아니다.

2. '구지가(龜旨歌)'의 '수기(首其)'를 '동자(童子)'를 뜻하는 '바기'의 향찰식 표기로 해석한 데 대하여[1)]

필자는 '구지가'를 다음과 같이 해석한 바 있다.

龜旨-歌(굽지 놀애)
龜-何-龜-何(곱-하-곱-하)
首-其-現-也(바-기-나토-여)
若-不-現-也(ᄒ다가-안득-나토-여)

---

1) 강헌규(2002), 구지가(龜旨歌)의 주석적 연구, 인문학논총(人文學論叢) 제2집, 국립7개대학 공동논문집.
_____(2004), 고가요의 주석적 연구, (한국문화사). pp.323~355.

燔-灼-而-喫-也(굽-지지-마리-머고리-여).

이 뜻은 다음과 같다고 보았다.

신이시여 신이시여
(우리의 왕이 되실 높고 귀하신) 바기[童子](를) 나타내어(점지해) 주셔예.
만약(萬若) (바기/동자를) 안 나토아(나타내어/ 점지해) 주시면예
(우리들은 당신을) 굽지져(굽고 지져)서 먹겠어예.2)

이 같은 해석은 삼국유사 구지가의 배경설화와도 딱 들어맞는다. 삼국유사(三國遺事) 가락국기(駕洛國記)는 하늘로부터 내려온 6개의 황금알이 하루를 지난 그 이튿날 새벽에, 용모가 거룩한 여섯 동자(童子)로 화하였다고 하였다. 이는 '구지가'를 한시(漢詩)로 해석하지 않고, 위 글자는 해석하고, 아래 글자는 해석하지 않는 역상불역하[譯上不譯下]의 향찰식 표기로 해석한 데서 비롯한다. 특히 '수기(首其)'를 '바기'의 향찰식 표기로 읽으면, 그 뜻이 '동자(童子)/ 아기'임이 명료해진다.

필자는 위의 논문을 발표하고(2002) 다시 『고가요의 주석적 연구』에 묶어 단행본으로 발표하였다(2004). 그 후 필자는 일본의 옛 사서 『고사기(古事記)』3)나 『일본서기(日本書紀)』를 번역본으로라도 읽을 기회가 있었다. 『고사기(古事記)』의 '보주(補註)'4)에 다음과 같은 설명이 있음을 보고 필자의 과문에 부끄러움을 느꼈다. 그러나 한편으로는 이를 접하지 않고 즉 아무런 선입견 없이 '구지가'를 독자적으로 해독하여

---

2) 강헌규(2004), 고가요의 주석적 연구, (한국문화사). pp.352-353.
3) 노성환 역주(1987), 古事記, (예전사).
4) 노성환, 위책 '補註 : 上卷' 52, pp.240~241.

정곡을 얻었음에 적잖은 기쁨도 느꼈음을 고백하지 않을 수 없다.

天 邇岐志 國 邇岐志 天 津 日高 日子 番 能 邇邇藝 命(아메 니키시 쿠니 니키시 아마 쯔 히꼬 히꼬 호 노 니니기 노 미꼬토)[5]의 의미는 '천지에 모두 잘 조화를 이루며, 천상계의 신성한 남자로서, 태양의 아들인 벼이삭을 풍부하게 해 주는 신'이라는 의미를 가지고 있다. 이 신의 원형은 어린 동자의 모습으로 강림하는 곡령의 신으로 보는 것이 정설화되어 있다.

이는 천손이 강림할 때에는 나이 어린 아이여야 한다는 관념이 있었기 때문이다. 『紀』에 「于時, 高皇産靈尊, 以眞床追衾, 覆於皇孫天津彦彦火瓊瓊杵尊使降之」[6]라는 기술을 보아도 알 수 있듯이 천손을 「眞床追衾(귀인이 그 곳에서 앉기도 하고 자기도 하는 이불, 즉 침구)」으로 싸서 내려 보낸다는 것은 강림하는 신의 모습이 영아(嬰兒)임을 알 수 있는 것이다. 護雅夫씨는 이 「眞床追衾」을 가야의 수로왕이 강림할 때에 싸여져 있던 붉은 보자기도 이와 같은 것으로 해석했다. 또 돌궐의 왕이나 키르키즈의 수장들이 즉위식을 거행할 때 페르트라는 자리에 앉히는 것과도 비교하여, 「眞床追衾」을 신령이 강림하는 침구이며, 또 인간으로부터 신령으로 전화(轉化)하기 위한 성스러운 장소로서 북방계통의 기마민족 국가에 있어서 즉위의례의 성구일 것으로 추정했다. 그러나 근년에는 이와 유사한 것이 말레시아 및 인도네시아 등지에서도 많이 발견이 되어 이를 북방적인 것이 아닌 남방적인 것으로 보는 견해도 있다. 삼국유사 '가락국기'(駕洛國記)에 보이는 구지가의 배경설화, 구지가를 춤추며 노래한 결과 맞이한 수로왕(首露王)과 남방 아유타국(阿踰陁國)으로부터 온 공주 허황옥(許黃玉)결혼 설화는 구지가의 해석에 그 암시하는 바가 크다.

---

5) 노성환, 위책. 邇邇藝命의 탄생을 기술하는 데 나옴(p.166).
6) 때에 高皇産靈尊 [다가미무스비노미고도]은, 眞床追衾 [마도고오우후스마](신성한 이불)으로 皇孫 天津彦彦火瓊瓊杵尊 [아마쓰히고히고호노니기노미고도]을 덮고 싸서 지상에 내려보냈다(成殷九 譯註 日本書紀, 정음사, 1987. 天孫降臨과 木花之開耶姬 p.70).

3. '사모곡'의 '호미'·'눌ㅎ'·'낟'의 의미에 대하여

필자는 이미 발표한 졸고 및 졸저7)에서 다음과 같이 주장하였다.

'호미' : 학계의 다수설에서 말하는 김매는 '호미[鋤]'가 아니다. 우리가 일반적으로 말하는 '낟[鎌]', 농촌에서 일반적으로 풀 벨 때 쓰는 '낫'을 뜻한다. 고려가요 '사모곡'에 나오는 '호미'는, 영어로 'sickle'이라고 부르는 '낫'을 뜻하는 말이다.

'낟' : 학계의 다수설에서 말하는 풀 베는 '낫[鎌]'이 아니다. '펄낫' 혹은 '벌낫'이라고 부르고, 영어로는 'scythe'라고 부르는 낫이다. 'scythe'란 유럽의 농촌에서 오늘날도 쓰이고 있는 '(자루가 긴) 큰 낫'을 말한다. 로마 역사에서 '(전차의 굴대에 달아 적을 쓰러뜨리던) 전차낫' 같은 것을 말한다.

'눌ㅎ'이란 위의 '호미(작은 낫; sickle; 현재 일반적으로 쓰고 있는 낫)'와 '낟(큰낫, 펄낫, 벌낫; scythe; 현재 제주도를 제외하고는 육지에서는 거의 볼 수 없는 큰낫)'의 범칭이다. 이는 '아바님'과 '어마님'을 '어이'라고 하는 것과 같다. 즉 '눌ㅎ'이란 '절단구(切斷具)' 혹은 '연장'이란 말이다. 결코 칼이나 낫의 베는 부분 혹은 드는 부분[刃]이 아니다. 필자는 이를 다음과 같이 증명하였다.

첫째로 'A도 B(이)지만 C만 못하다.'는 사모곡의 논리적 구조에서도 찾을 수 있다. 즉 B(눌ㅎ; 어이)의 하위범주에 A(호미; 아바님)와 C(낟; 어마님)가 있고 A는 C보다 작다(A>C)는 논리적 구조에서도 그러하다.

---

7) 강헌규(1980), 「사모곡(思母曲) 신석(新釋)」 -'호미'와 '눌', '낟'의 어의(語意)를 중심으로-, 공주교육대학 논문집 제16집.
_____(1980), 고려가요(高麗歌謠)「사모곡(思母曲)」신고(新考), 제23회 전국국어국문학회발표대회 특집, 국어국문학 84호.

둘째로 제주도에서 현재도 쓰이고 있는 '낫'과 '호미'를 지칭하는 방언의 의미와 실물로 보아서도 그러하다.

셋째 중세어에서 사용된 '눌ㅎ'의 용례로 보아서도 그러하다. 즉 중세어에서도 '눌ㅎ'이 '절단구(切斷具)' 혹은 '연장'의 의미로 쓰였다.[8]

여기에 다시 전남지방의 전승놀이에서도 '눌ㅎ'이 '절단구(切斷具)' 혹은 '연장'이란 뜻으로 사용되었음을 발견하고는 쾌재를 부르지 않을 수 없었다. 인용하면 다음과 같다.

    닢은피여 청산되고 꽃은피여 화산되여
    청산화산 넘어간께 이상스른 새가앉어
    아배아배 저새보소 어매같은 새앉었네.
    아가아가 그말마라 일촌간장 다녹는다.
    가세가세 장에가세 님에서랑 장에가세.
    오만것은 다났는데 어매장은 안났단가.
    호미도 연장이른 낫과같이 싼득할가
    아부지도 부모런만 어매같이 사랑울가
       (宋錫夏, 傳承노리의 由來, 全南地方 강강수월래, 朝光 1938. 6. 90)[9]

이상에서 고려가요 '사모곡'의 '눌ㅎ'의 자리에 있는 '연장'이 바로 '눌ㅎ'의 의미임을 확실하게 보여 주는 증거라고 할 수 있다.

이에 덧붙여서 필자가 밝히고자 하는 바는 만주·몽골어에도 '호미'(작은 낫)와 '낟'(큰 낫)을 구별하는 말이 있다는 사실이다. 이로써 필자의 주장이 타당함을 다시 한 번 강조하는 바이다.

---

8) 자세한 설명은 필자의 졸고 "표준어와 방언의 의미 차이에 대하여" 난대 이응백 교수 정년퇴임 기념논문집(1988), pp.229~238. ≪국어학논문집≫(공주대학교 출판부, 2000), pp.687~695 참조.
9) 이 민요는 윤영옥, 고려시가의 연구(영남대출판부, 1991) p.164에서 보고 원문을 확인, 교정하였음. 윗점은 고딕으로 바꾸었음.

큰 낫 (현대 몽골어) : 하도르(ХАДУУР)(hadur).[10]
작은 낫(현대 몽골어) : 시메스크(ШIМЭЭСГ)(shimesge).[11] 또는 гар хадуур(gar hadur)[12].

hadugvr : 하두굴(몽골어). hadufun : 하두분(만주어). 낟[鎌刀]＜蒙語類解 下:2a＞. 낟[鎌子]＜同文類解下:2a＞. 낫[鎌刀]＜韓漢淸文鑑 10:7b＞.[13] 鎌刀＜三合便覽 4:35a＞.[14]

 이상으로써 '사모곡'에 나오는 '호미'는 김매는 호미가 아니라 우리가 일반적으로 풀 베는 (작은) 낫이고, '낟'은 서양의 'scythe'에 해당하는 '큰 낫'임을 알 수 있다. 우리의 경우는 농기구가 정예화되어 '작은 낫(sickle)'만 남아서 '낫'으로 대체되어 사용되어 왔음을 알 수 있다. 또한 몽골어 '하도르(ХАДУУР)(hadur)' · '하두굴(hadugvr)', 만주어 하두분(hadufun), 중국어 '겸자(鎌子) · 겸도(鎌刀)'도 '큰 낫'을 뜻했던 것으로 보인다. 일본어나 중국어[한자]도 '큰 낫'[鎌. 사모곡의 '낟']과 '작은 낫'[사모곡의 '호미']을 구별하였던 것으로 보인다.

---

10) 부리아트족의 '서서 풀 베는 낫'도 바로 '사모곡'의 '큰 낫[scythe]'과 같은 모양의 것이었다. '몽골리안 루트를 가다'(K.B.S. 1998. 1. 6. 22시 50분부터 방영).
11) '김매는 호미'는 몽골어로 '알치굴' 또는 '힝즈'라고 하였다. 「鋤子 호믜 ○알치굴 ○又 힝즈(몽어유해 하2a)」. 만주로 '김매는 호미'는 '호민'이라고 하였다. 「鋤츄頭루 호믜 호민」(한청문감 p.295 b). 또 '풀베는 낫'은 몽골어로 '하두굴'이라고 하였다. 「鎌刀 낟○하두굴(몽어유해 하2a)」. '풀베는 낫'은 만주어로 '하두분'이라고 하였다. 鎌랸刀뫄 낫 하두분(한청문감 p.295 b).
12) 'гар(gar)'이 '손' · '팔', 'хадуур(hadur)'가 '(큰) 낫'이니 'гар хадуур(gar hadur)'란 '손낫(手鎌)' 곧 '작은 낫'이란 말이다. 이로써 'хадуур(hadur)'가 원래 '큰 낫'임도 확인할 수 있다. S. Senghee(1993), ENGLISH MONGOLIAN DICTIONARY 에는 'sickle'과 'scythe'를 구별하지 않고 둘 다 'гар хадуур(gar hadur)'라고 하였다. 잘못이다.
13) 韓漢淸文鑑 p.295 b.
14) 김형수(1994), 몽고어 · 만주어 비교어휘사전, 형설출판사. p.345. 김형수, 만주어 · 몽고어 비교어휘사전(1995), 형설출판사. p.390.

kam- > kama(鎌15)).
nat- > nada(鉈16)).17)

4. 고려가요 '가시리'의 '선ᄒ면 아니올셰라'의 '선ᄒ면'에 대하여18)

　필자는 이미 쓴 논문19)에서 위의 '선ᄒ면'을 '마음에 사무치어 눈앞에 암암히 보이는 듯하다.'는 의미의 현대어 '선:하다'에 해당하는 말이라고 하였다. 이때 현대어의 용례만 들었던 것이 못내 아쉬웠었다. 다음의 용례는 시간대를 조금이라도 소급시킬 수 있을 것이다.

　　평양에 난리 소문이 다른 사람 듣게 이웃집에 초상 났다는 소문같이 심상히 들으나 부산 사는 최항래의 귀에는 소름이 끼치도록 놀랍고 심려(心慮)되더니 하로는 그 사위 김관일이가 부산 최씨집에 와서 난리 겪은 말도 하고 외국으로 공부하러 가고자하는 목적을 말하니 최씨가 학비를 주어서 외국에 가게하고 최씨는 그 딸과 외손녀의 생사를 자세히 알고자하여 평양에 왔더니 그 딸이 대동강 물에 빠져 죽을 차로 벽상(壁上)에 그 회포(懷抱)를 쓴것을 보니 그 딸 기를 때의 불상하든 마음이 새로이 나서 일곱살에 저의 어머니 죽을 때에

---

15) 鎌 : ①낫 겸(刈鉤). ②모서리 겸(棱角). ㉠화살촉의 모서리. ㉡모가 있는, 금속의 긴 무기.
16) 鉈 : ㊀창 시(矛也). 鍦[짧은창(短矛) 시/사]와 같다. ㊁柂(주전자 이)와 同字. ㊂저울추 타(秤錘).
17) 이남덕(1985), 한국어 어원 연구 Ⅰ, p.266.
18) 강헌규(1973), 「가시리」의 신석(新釋)을 위한 어문학적(語文學的) 연구(研究), -「가사리」 評說에의 의의(疑義)를 중심(中心)으로-, 공주교육대학 논문집, 제10집.
　　　(1973), 「가시리」의 신석(新釋)을 위한 어문학적(語文學的) 고찰(考察), 국어국문학회, 국어국문학 제62・63 합병호.
19) 필자(1973), 『가시리』의 신석을 위한 어문학적 고찰-『가시리 평설』에의 의의(疑義)를 중심으로-, 국어국문학 62~63호. 공주교육대학논문집 제 10집.

죽은 어미의 뺨을 대이고 울든 모양도 눈에 서언하고 계모의 눈쌀을 맞어서 조접이 드런 모양도 눈에 서언하고 내가 부산갈 때에 부녀가 다시 만나보지 못하는듯이 낙루(落淚)하며 작별(作別)하든 모양도 눈에 서언한 중에 해는 점점 저물어가고 빈집에 쓸쓸한 기운이 도는대 사람 없는 부엌 속에서 귀뚜램이 소리만 높았더라.20)

『…… 그러하든 그 어머니를 우리가 이렇게 떠나서 있는 것이 자식된 도리가 아니라. 이애 병 생각말고 (씨엑기-)씨더러 좋게 말하고 고국으로 돌아갈 도리를 하자. 이애 옥남아 나는 몸이 여기 있으나 내 눈에는 어머니가 실진하야 하시든 모양만 눈에 선-하다』하면서 다시 느껴 운다.21)

같은 작가가 앞의 '혈의누'에서는 '서언하고/서언한'이라고 하였고, 뒤의 '은세계'에서는 '선-하다'라고 하였다. 이 두 표기 형태는 '눈에 선하다'의 '선'이 장모음임을 나타낸 것이 확실하다. 이는 또 현대어 '선하다'의 '선'이 장모음인 것과 일치한다.

선 : 하다 : ①마음에 잊어지지 않다. ②눈에 어른어른하다.(문세영, 우리말 辭典, 1960)
선 : 하다 : 잊혀지지 않고 눈앞에 선명하게 보이는듯 하다.(sic)(조선말사전, 1960)
선 : 하다 : 마음에 사무치어 눈앞에 암암히 보이는 듯하다.(이희승, 국어대사전, 1996)
선 : 하다 : 잊혀지지 않고 눈앞에 선명히 보이는 듯하다.(금성판 국어대사전, 1991)
선 : 하다 : 잊히지 않고 눈앞에 생생하게 보이는 듯하다.(신기철·신용철, 새우리말 큰사전, 1985)

---

20) 李人稙 原作, 國文學大系 血의淚 雪中梅 ★ 銀世界(開化期의 文學篇), (正音社, ?). 血의淚 p.21. 띄어쓰기나 맞춤법은 원문을 따랐음.
21) 위의 책, 銀世界, p.221.

위와 같은 의미로 '선ᄒᆞ면 아니올셰라'를 고려가요 특유의 반어 의문문으로 풀이하면 다음과 같다.

(가시는 임께서 내 모습이 잊혀지지 않고 눈앞에) 암암히 보이는 듯하면 아니 오(시)겠느냐?[22] 틀림없이 오신다.

그간 '선ᄒᆞ다'를 '서낙하다'의 준말로 해석하여 온 것이 학계의 정설이다.

 서낙하다 : 작란이 심하다. 그악하다. 선하다.(문세영, 우리말 辭典, 1960)
 서낙 : 하다 : 장난이 심하고 그악스럽다.(조선말사전, 1960)[23]
 서낙하다 : 장난이 너무 심하다.¶ 돌 지난 지 두어 달밖에 안 되는 것이 어떻게 서낙한지 몰라요≪洪命熹 : 林巨正≫.(이희승, 국어대사전)
 서낙하다 : 장난이 심하고 극성맞다.(금성판 국어대사전)
 서낙하다 : 장난이 심하고 극성스럽다.(신기철·신용철, 새우리말 큰사전)[24]

이상과 같은 의미로 '선ᄒᆞ면 아니올셰라'를 해석하면 다음과 같은 의미가 된다.

(가시는 임을 붙잡는 것이) 너무 심하고 극성맞으면 (싫어지는 마음이 생겨서 떠나가셔서는) 돌아오지 않으실까 두려워라. (그래서 임을 보내 드린다.)

이와 같은 종래의 해석은 고려가요의 반어적 특성을 모르는 너무도

---

22) 여기 '아니올셰라'의 'ᄅ셰라'는 의구형 종결어미가 아니라, 의문의 반어형 종결어미임은 필자가 기왕의 논문에서 상술한 바 있음.
23) '조선말사전'에는 '서낙하다'의 준말로서의 '선하다'라는 표제어는 없음.
24) 신기철·신용철, 새우리말 큰사전 제2판(1985.5.20. 발행)에는 '선하다'가 표제어로 보이지 않는다.

평판적인 해석이다.25) 다음과 같이 해석해야 할 것이다.

(임께서 가시더라도 내 모습이 눈에) 암암히 보이는 듯하면 아니 오(시)겠느냐? (틀림없이 오신다.)

5. 청산별곡에 대하여26)

일) 제4련 '이링공 뎌링공 ᄒᆞ야/ 나즈란 디내와손뎌/ 오리 도 가리도 업슨/ 바므란 쪼 엇디 호리라'에 숨겨진 뜻

이에 대하여 필자는 이규보의 시 '내 본래 낮은 좋고 밤은 싫다고[아

---

25) '가시리'의 '션ᄒᆞ면'은 오늘날도 사용되는 '선하다'(마음에 사무치어 눈앞에 암암히 보이는 듯하다)라는 뜻으로 해석해야 한다. 이는 고려가요의 특성의 하나인 반어법으로 보아야 한다. '션ᄒᆞ면'은 우리 가까이에 있어 우리가 흔히 쓰고 있는 말이다. 어찌 멀리서 그 뜻을 구할 것인가? '가까운 것을 버려두고, 먼 것을 꾀한다면 고생만 있을 뿐 거둠이 없을 것'(捨近謀遠者 勞而無功 : 後漢書)이란 말이 생각난다. 필자와 의견을 같이 한 연구서가 최근에 나옴을 보고서 필자는 대단히 반가웠다.
26) 강헌규(1979), 「청산별곡」의 신석을 위한 어문학적 연구, 공주교육대학 논문집 제15집.
_____(1988), 「청산별곡」신석, 이규보의 한시와 대비를 통하여, 공주사범대학 논문집 제26집.
_____(1989), '청산별곡' 신석, 이규보의 한시와 대비를 통하여, 어문연구 62·63 합병호 제17권 제2·3호.
_____(1995), 「청산별곡」 결련의 새로운 고찰, 이중언어학회지 제12호, 이중언어와 해외 한국어 교육.
_____(1999), 청산별곡」 결련의 '누로기'에 대한 재론 삼론, 한어문교육 제7집, 한국언어문학교육학회.
_____(2000), 청산별곡」 결련(結聯)의 재고찰, 한어문교육 제8집, 한국언어문학교육학회.

본복주 불복야(我本卜晝 不卜夜)]'와 연계 설명하였다. 이는 원래 '낮에만 술 마시면서 즐겁게 놀지, 밤에는 그렇게 할 수 없다.'는 뜻의 '복주복야(卜晝卜夜)'(左傳・莊公・二十二)27)를 부정하는 말이다.28) 춘추좌씨전의 이 내용을 조금 더 알아본다.

경중(敬仲)이 주연(酒宴)을 베풀어 제환공(齊桓公)을 접대하니 환공(桓公)은 매우 즐거워하였다. 환공이 "불을 밝히고 계속 마시자."고 하니, 경중(敬仲)이 사양하기를 "신(臣)은 낮에 모시는 일만 점(占)을 쳤지, 밤까지 모실 것은 점을 치지 않았으니, 감히 명을 받들 수 없습니다."고 하였다. 이에 대해 군자는 다음과 같이 논평하였다. "술로써 예(禮)를 이루고 지나치게 계속하지 않은 것은 의(義)이고, 임금 모시고서 예(禮)를 이루고 지나친 데 들지 않게 한 것은 인(仁)이다." (飲桓公酒 樂 公曰 以火繼之 辭曰 臣卜其晝 未卜其夜 不敢 君子曰 酒以成禮 不繼以淫 義也 以君成禮 弗納於淫 仁也)29)

이상과 함께 안자춘추(晏子春秋)30)에 있는 다음의 이야기도 배경에 깔려 있으면서, 청산별곡의 작가는 이를 부인하고 있는 것이다. 즉 자기는 낮에는 물론 밤에도 촛불 켜 놓고 술을 마시겠다는 말이다.

경공이 술을 마시다가, 밤이 되자 안자의 집으로 술자리를 옮겨 그 즐거움을 계속하려 하였다. 앞에 선 심부름꾼이 안자의 집 문 앞에 이르러 「임금께서 오십니다!」라고 하자, 안자가 현단(玄端)을 걸치고

---

27) 左傳 : 춘추 때 魯의 左丘明이 쓴 春秋史. 魯 隱公 원년 ~ 魯 悼公 4년(260년)의 역사를, 약간의 전설을 포함하여 편년체로 기록하였음. '춘추좌씨전', '좌씨춘추'라고도 함.
28) 강헌규(2004), 고가요의 주석적 연구, p.151. pp.206~206.
29) 정태현(2001), 역주 춘추좌씨전 1, 동양고전역주총서 1. p.427. 원문의 현토는 생략했음.
30) 안자춘추(晏子春秋) : 춘추 때 齊의 안영(晏嬰)의 언행을 기록한 책으로 좌전과 중복되는 내용이 있음. 안자. 8권.

문 앞에 서서 이렇게 물었다. 「제후들에게는 아무 일 없습니까? 국가에는 아무 일 없습니까? 임금께서는 어찌하여 때도 아닌데 이렇듯 한밤에 욕된 걸음을 하셨습니까?」 그러자 경공이 말하였다. 「좋은 술과 훌륭한 음악이 있어, 원컨대 선생과 함께 즐기고 싶어서 이렇게 찾아왔습니다.」 이에 안자가 이렇게 거절하였다. 「자리를 깔고 술그릇을 마련해 드리는 일은 따로 임무를 맡은 사람이 있습니다. 저는 감히 그런 일에 참여할 수가 없습니다.」 그러자 경공은 할 수 없이 「사마양저(司馬穰苴)의 집으로 가자」고 하였다. 앞에 선 심부름꾼이 그 문 앞에 이르러 「임금님께서 오십니다!」라고 하자, 양저가 갑옷과 투구를 갖춘 채 창을 잡고 문 앞에 서서 물었다. 「제후들에게 무슨 군사 행동이 일어난 것은 아니겠지요? 대신들 가운데 누가 반란이라도 일으킨 것은 아니겠지요? 임금께서는 어찌하여 때도 아닌데 이렇듯 한밤에 욕된 걸음을 하셨습니까?」 경공은 역시 똑같은 말을 하였다. 「좋은 술맛과 훌륭한 음악을 선생과 함께 즐기고 싶어서 찾아왔습니다.」 이에 사마양저 역시 똑같이 거절하였다. 「자리를 깔고 술그릇을 마련해 드리는 일은 따로 임무를 맡은 사람이 있습니다. 저는 감히 그런 일에 참여할 수가 없습니다.」 경공은 다시 「양구거(梁丘據)의 집으로 가자」고 하였다. 앞에 선 심부름꾼이 그 문 앞에 이르러 「임금께서 오십니다!」라고 하자, 양구거가 왼손에는 거문고를 오른손에는 우(竽)를 들고서 노래를 부르며 나오는 것이었다. 이를 본 경공이 신이 나서 이렇게 말하였다. 「즐겁도다! 오늘 저녁의 술자리여! 앞서의 두 사람이 없었다면 누구와 더불어 내 자신을 즐길 수 있으리요?」[31]

---

31) 임동석 옮김(1998), 안자춘추(晏子春秋), 동문선. pp.187~188. 원문의 인용은 文白對照全譯諸子百家集成 晏子春秋. 列子 (시대문예출판사, p.112)를 참조했음. 원문의 쉼표는 띄어쓰기로 대신했고, 타자의 편의를 위해 간체자는 번체자로 바꾸었음. 景公飲酒 夜移于晏子 前驅款門曰 : "君至!" 晏子被元端 立于門曰 : "諸侯得微有故乎? 國家得微有事乎? 君何爲非時而夜辱?" 公曰 : "酒醴之味 金石之聲 願與夫子樂之." 晏子對曰 : 夫布荐席 陳簠簋者 有人 臣不敢與焉. 公曰 : "移于司馬穰苴之家." 前驅款門, 曰 "君至!" 穰苴介冑操戈立于門曰 : "諸侯得微有兵乎? 大臣得微有叛者乎? 君何爲非時而夜辱?" 公曰 : "酒醴之味 金石之聲 願與將軍樂之." 穰苴對曰 : " 夫布荐席 陳簠簋者有人 臣不敢與焉." 公曰 : "移于

안자가 경공을 위해 술자리를 베풀었다. 저녁이 되어 날이 어두워 지자, 경공이 불을 밝히라고 소리쳤다. 그러자 안자가 이렇게 만류하 였다. 「≪시경(詩經)≫에 『술에 취해 모자가 비뚤어졌네』라고 하였으 니 이는 그 덕을 잃은 상태요, 『춤추는 모습 비틀비틀』이라 한 것은 그 용모까지 흐트러졌음을 말합니다. 『추하기는 술로 하였으나 배부 르기는 덕으로 하였네. 취하였으면 그 자리를 물러나는 것이야말로 복받을 사람이라네』하였으니, 이것이야말로 손님과 주인 사이의 예입 니다. 『취하였으면서도 그 자리를 물러나지 않으면 이것이 곧 그 덕 을 손상시키는 것』이라 한 것은 손님과 주인 사이에 허물을 짓는 행 동입니다. 저는 술자리를 낮에 맞추어 마련한 것이지, 밤까지 이어지 도록 맞춘 것이 아닙니다.」이에 경공이 「좋습니다!」하고는 술을 들어 제사를 올리고, 재배한 후 이렇게 말하였다. 「안자가 나를 위하여 이 렇게 질책까지 해주다니? 나는 이 나라를 안자에게 맡겼다. 그 집이 가난한데도 나를 위해 이토록 잘해 주고, 또한 나로 하여금 음사와 사치에 물들지 않도록 해주었는데, 하물며 나와 함께 이 나라를 이끌 어 나감에 있어서야 어떠하겠는가?」32)

이) 제7련에 보이는 '에졍지'와 백아(伯牙) 종자기(鍾子期) 의 문제

필자는 청산별곡 제7연에 보이는 '에졍지'를 백아(伯牙)의 '아(牙)'가 변한 음에, '종자기(鍾子期)'의 준말 '종기(鍾期)'33)의 변한 말 '경지'가

梁丘据之家." 前驅款門 曰 "君至!" 梁丘据左操瑟 右挈竽 行歌而出. 公曰 : "樂 哉! 今夕吾飮也. 微此二子者 何以治吾國; 微此一臣者 何以樂吾身"
32) 임동석 옮김 위 책 pp.190~191. 晏子飮景公酒 日暮 公呼具火 晏子辭曰 : "≪詩≫ 云 : '側弁之俄' 言失德也. '屢舞傞傞' 言失容也. '旣醉以酒 旣飽以德 旣醉而出 竝 受其福' 賓主之禮也. '醉而不出 是謂伐德' 賓之罪也. 嬰已卜其日 未卜其夜." 公曰 : "善." 擧酒祭之 再拜而出. 曰 : "豈過我哉 吾托國于晏子也. 以其家貨養寡 人 不欲其淫佚也 而況與寡人謀國乎!".
33) '鍾子期'와 같은 뜻으로 쓰인 '鍾期'의 용례는 곳곳에 있다.[漢書, 揚雄傳下]鍾 期死, 伯牙絶絃破琴, 而不肯與衆鼓.[後漢書, 儒林上 尹敏傳]與班彪親善, 云云,

합쳐져서 된 말이라고 하였다.34)

①아(牙) → 에
②종(鐘) → 졍
③기(期) → 지

①②의 음 변화는 식자층의 문학을 일반 대중이 그 의미를 잘 모르면서 모방하여 홍얼거림에 의한 것으로 보인다. 이는 오늘날 판소리 문학에서 그 내용을 잘 모르는 판소리 가창자들에 의한 판소리 사설의 왜곡과 흡사한 것으로 보인다. 다만 '③기(期) → 지'의 변화는 구개음화가 전제되어야 할 것 같다. 그러면 구개음화 존재 여부에 관한 의문을 피하여 '鍾子期'를 '종지기'로도 읽었다고 보고, '종지기'의 '종지'가 '졍지'로 변했다고 볼 수도 있다. 그러나 여기에도 문제는 있으니, 그것은 '종자기(鍾子期)'의 준말 '종지(鐘子)'의 용례를 찾아야 할 것이다. '종자기(鍾子期)'의 '子'에 들어 있는 음 [지]와, '期'의 음 [기]가 함께 지식층이 아닌 일반 歌唱者에게 작용하여 '졍지'가 된 것은 아닐까? 그리하여 '백아(伯牙)·종자기(鍾子期)'를 합하여 '에졍지'가 된 것이라고 본다.

사) 제8련의 '조롱곳'과 '미와'의 의미

필자는 위의 '조롱곳'을 '졸(부추)'과 '옹곳(목숙:苜蓿)'으로, '미와'를

自以爲鍾期伯牙·莊周惠施之相得也.(諸橋, 大漢和辭典).
34) 강헌규, 고가요의 주석적 연구, (한국문화사, 2004). pp.156~159. '종자기(鍾子期)'의 준말 '종기(鐘期)'의 용례는 조비(曹丕)의 '원성령(元城令) 오질(吳質)에게 보내는 글(與吳質書)'에도 보인다. '옛날에 백아(伯牙)는 종기(鐘期)를 만나 거문고 줄을 끊고'(양주동, 世界奇文選, 1959, 탐구당. p.122.).

'(썩은) 물고기'로 풀이하였다.

1. 졸

'달래과에 속하는 다년생 풀'을 뜻하는 표준어는 '부추'다. '부추'의 방언형은 '정구지'(경상도 지역・대전), '부추'(경상도・충북・강원도의 동북부 일부), '솔'35)(전남 전지역・전북 대부분의 지역) 그리고 희소하게 '졸'(충남 부여, 청양, 당진. 전북 군산)이 있다.36) 이렇게 극히 제한된 지역에서만 사용되는 '졸'이 청산별곡에 나타난다는 것은 놀라운 일이다. 필자는 이를 다음과 같이 해석한다. 청산별곡은 필자가 이미 밝힌 바와 같이, 이규보의 한시(漢詩) 작품을 고려 민중의 언어로 옮긴 후에 이른바 집시(集詩)의 과정을 거친 후에 만들어진 작품이다. 고려어로의 번역・집시(集詩)의 과정과 가창(歌唱)의 과정은, 상류 지식층이 아닌 일반인 및 가창자(歌唱者)에 의하여 이루어졌을 것이다. 이 과정에서 적잖은 변형이 나타나기도 하고 집시자(集詩者) 및 가창자(歌唱者)의 방언이 개입되기도 하였을 것이다. 이규보는 젊은 시절 변산반도 근처에서 작목사(斫木使)로 근무한 적이 있으며, 군산이나 변산반도에서 멀지 않은 위도(蝟島)로 귀양 가서 산 적이 있다. 이 같은 사건이 전북 군산의 방언 '졸'이 청산별곡에 나타난 것과 상관이 있으리라고 생각된다. 필자는 청산별곡의 '바ᄅᆞ'연37)은 변산반도에서의 생활과 위도에서의 귀양 생활이 그 배경이라고 믿는다. 제1연의 '창산(靑山)'연은 이규보가 그의 모친을 잃고, 개성 근처의 천마산에 은거해 있을 때의

---

35) 장단음을 구별하지 않았음.
36) 이 자료는 최학근(1978), 한국방언사전, 현문사. p.839를 참조한 것임.
37) '바ᄅᆞ'연이란 "살어리 살어리랏다/ 바ᄅᆞ래 살어리랏다/ ᄂᆞᄆᆞ자기 구조개랑 먹고/ 바ᄅᆞ래 살어리랏다"연을 말함.

참담한 생활과 그 심경이 바로 그 배경이라고 생각한다.

2. 옹곳.

선인들이 그들의 시문에서 가난한 선비의 음식으로 흔히 인용했던 '옹곳(목숙:苜蓿)'[38]의 예문으로 다음을 더 인용하고자 한다. 물론 위에 인용한 청산별곡의 단어들은 필자가 연래로 주장하여 온 바와 같이 이규보의 한시 작품을 번역하여 다시 집시(集詩)의 형태로 만든 것임은 확실하다. 여기서 신숙주의 시를 보임은 조선조 초의 지식인들의 시작품(詩作品)에서도 '옹곳(목숙:苜蓿)'이 자주 인용되고 있음을 보이고자 함에서다. 물론 청산별곡의 '졸(부추)'과 '옹곳(목숙:苜蓿)'은 필자가 이미 밝힌 바와 같이 이규보의 시작품을 고려어로 옮긴 후의 새로운 조합에 의한 이른바 집시(集詩)의 과정을 거친 후에 지식층이 아닌 일반 가창자(歌唱者)에 의하여 변형된 것으로 보인다.

다시 앞의 시운[39]을 차운하다(又次前韻)[40]

봄 농사 시작되나 날씨는 쌀쌀해	(春事將回尙薄寒)
소반 위의 옹곳 나물 이리저리 놓여 있네	(盤中苜蓿又蘭干)
술잔 앞에 은근히 대하니 청담도 좋고	(樽前容與淸談合)
강 위에 노니니 백발도 한가로워	(江上婆娑白髮閑)
포구에 연해진 얼음 모래 구경하느니	(且賞氷沙迷渚浦)

---

38) 료녕인민출판사(1982), 『한조식물명칭사전』(p.472 左)에는 해당 식물의 번호와 중국 명칭과 우리말 이름과 라틴 학명이 다음과 같이 쓰여 있다. 08147 女菀 옷굿나물(옹굿나물) Aster fastigiatus Fisch. 또 같은 책(p.458 右)에는 다음과 쓰여 있다. "07899 苜蓿屬 개자리속(알팔파속) Medicago".
39) '앞의 시운'이라 함은 '홍판사 일동(洪判事逸童)의 시운에 차하다'를 말함.
40) 高靈申氏文獻刊行委員會, 保閑齋全書[中], 殷成文化社, 1984. 번역부 p.28. 영인부 보한재집 九. 五a.

굳이 꽃과 버들 시내와 산에 가득해야 하나(不須花柳滿溪山)
인생의 행락하는 날짜 많지를 못하니　　(人生行樂無多日)
득의함은 종래로 한 순간 술자리라오　　(得意從來一餉間)

위의 '소반 위의 **옹곳**(/옹굿/거여목) 나물 이리저리 놓여 있네(盤中苜蓿又蘭干)'은 물론 당나라 동궁시독(東宮侍讀) 설령(薛令)의 시 '盤中何所有 苜蓿長欄干'[41])에서 가져온 것이다. 여기 '목숙(苜蓿)'은 '옹곳/옹굿/거여목'이라고도 한다. 현재는 '옹굿'이라고 하는 것이 일반적이다.

3. 미와

청산별곡에 나오는 '졸(부추)', 옹곳(목숙), 누로기, '미와'는 가난한 선비가 먹는 상징적인 음식이다. 청산별곡에 나오는 이 '미와'가 '물고기'임은 필자가 이미 밝힌 바다.[42]) 가난한 선비가 먹는 상징적인 음식인 이 물고기가 성삼문의 시에도 보인다.

---

41) 우리말로 옮기면 다음과 같다. '밥상 위에는 무엇이 놓여 있는가/ 옹곳 나물만 길게 느리워 있네.'
42) 필자(1988), 청산별곡 신석-이규보의 한시와 대비를 통하여-, 고주대학교 사범대학논문집제 26집.
　　＿＿(1989), 청산별곡 신석-이규보의 한시와 대비를 통하여-, 한국어문교육연구회, 어문연구 제 117권 2,3호 62,63 합병호.
　　＿＿(2004), 고가요의 주석적 연구, 한국문화사. pp.225~226, 272~273.
　　위에 보인 논문과 단행본에서 견해의 상치가 보이는 곳들이 있다. 이는 뒤로 오면서 스스로의 생각을 고친 것이다. 익지 않은 생각을 활자화한 것은 물론 큰 허물이다. 그러나 오늘의 생각에 이르게 된 한 과정이었음을 고백하지 않을 수 없다. 또한 아무도 관심 가져주지 않는 일에 혼자 생각의 끈을 놓고 있지 않았음도, 강호 제현들이 양지하여 주기를 간절히 바란다.

근보의 시(謹甫詩)[43]

삶은 뜬 구름이요 죽음은 쉬는 것과 같거니　(生也如浮死如休)
백 년 동안에 어찌 꼭 시름을 해야 하나　　(百年下必長愁憂)
요동관(遼東館) 안에는 아무 일도 없어　　(遼東館裏一事無)
수일 동안 술잔 들고 서로 머물렀네　　　　(數日樽酒相淹留)
인생이 이만하면 스스로 낙이 있거늘　　　(人生如此自有樂)
다른 세상에서 단구(丹丘)를 구할 필요 있겠나　(不用方外求丹丘)
물고기에 거친 밥으로 내 배 채우며　　　　(脩鱅蔬糲飽我飢)
더구나 국서(國書) 있어 청유(淸幽)를 제공함에랴　(況有國書供淸幽).

여기서 '물고기'로 번역된 '수용(脩鱅)'의 의미는 다음과 같다.

脩 : 수 ①포(束-, 脯也). ②길(長). ③닦을, 다스릴(治). ④공경할(敬). ⑤마를(乾).
鱅 : 용 ①흑련(黑鰱). 전어. 鰫과 통용. ②전설상의 물고기 이름(怪魚名). ③해용(海鱅). 송어(松魚).[44]
鱅 : ①전어(鱣魚).[正字通] 鱅, 似鰱, 大頭細鱗, 目旁有骨.[史記, 司馬相如傳] 鯤鱅鰜鮆.[注] 集解曰, 郭璞曰, 鱅, 似鰱而黑.[本草] 鱅魚, 似鰱而色黑, 其頭至大, 味亞於鰱, 鰱之美在腹, 鱅之美在頭. ②怪魚의 이름.[集韻] 鱅, 魚名, 如犂牛音. ③鰫으로도 씀.[45]

이상으로 '용(鱅)'은 맛이 시원찮은 괴이한 물고기임을 알 수 있다. '수용(脩鱅)'은 이 같은 '용(鱅)'을 '말린 물고기' 곧 가난한 선비가 먹는 하찮은 음식임을 알 수 있다. '미와'(물고기)를 신통찮은 먹을거리로 생각함은 한시의 영향으로 보인다. 고급의 먹을거리는 육류(肉類)였던

---

43) 高靈申氏文獻刊行委員會 위의 책, 번역부 p.107. 영인부. 보한재집 十一.三ab.
44) 교학사(1998), 大漢韓辭典, p.3823.
45) 제교, 대한화사전.

것으로 보인다.

6. 끝막는 말

본고는 필자가 이미 발표한 고가요에 관한 논문들의 보완 수정을 목적으로 하였다. 요약하면 다음과 같다.

일) '구지가(龜旨歌)'에 나오는 '수기(首其)'는 '동자(童子)'를 뜻하는 '바기'의 향찰식 표기다.

이) '사모곡'에 나오는 '호미'는 제주도 이외의 우리 나라에서 우리들이 흔히 풀 베는 데 쓰는 '낫[鎌, sickle]'이다. '날'은 오늘날도 제주도에서 쓰이고 있고, 육지의 민속박물관에서 볼 수 있는, 나무로 된 자루의 길이가 약 2m, 쇠로 된 날의 길이가 약 1m쯤 되는 큰낫(펄낫/뻘낫; scythe)이다. '눌ㅎ'은 칼날의 드는 부분으로서 '날[刃]'이 아니라, 앞에서 설명한 '호미[낫, 鎌, sickle]'와 낟[큰낫, 펄낫/뻘낫, scythe]의 범칭이다. 이는 '아바님'과 '어마님'의 범칭인 '어이'에 해당되는 말이다.

삼) 고려가요 '가시리'의 '선ᄒ면 아니올셰라'의 '선ᄒ면'의 뜻은 '마음에 사무치어 눈앞에 암암히 보이는 듯하다.'는 의미의 현대어 '선:하다'에 해당하는 말이다. '선ᄒ면 아니올셰라'는 반어(反語)로 '선:하면 아니 올 것이냐? 올 것이다. 온다.'란 말이다.

사) 청산별곡에 대하여

(일) 제4련 '이링공 뎌링공 ᄒᆞ야/ 나즈란 디내와손뎌/ 오리도 가리도 업슨/ 바므란 ᄯᅩ 엇디 호리라'에는 '복주복야(卜晝卜夜)'(左傳‧ 莊公‧ 二十二)46)와, 안자춘추(晏子春秋)에 나오는 안자와 경공의 고사를 밑에 깔고 있음을 알아야 한다.

(이) 제7련에 보이는 '에졍지'는 '백아(伯牙)'의 '아(牙)'와 '종자기(鍾子期)'의 '종자(鍾子)'를 줄여서 함께 부른 말이다. 뜻도 모르고 입에서 입으로 전하는[口傳] 과정에서 '아종자/아종지(牙鐘子)'가 '에졍지'로 채록된 것이다.

(삼) 제8련의 '조롱곳'은 '졸'(표준어 '부추')과 '옹곳'(옹굿, 목숙, 苜蓿)을 합쳐서 소리나는 대로 적은 말이다. '미와'는 '물고기'를 뜻하는 말이다. 이들 모두 가난한 선비가 먹는 것들이다.

<참고 문헌>

단행본
강헌규(2004), 고가요의 주석적 연구, 한국문화사.
＿＿＿(2000), 국어학논문집, 공주대학교 출판부.
김형수(1994), 몽고어‧만주어 비교어휘사전, 형설출판사.
＿＿＿(1995), 만주어‧몽고어 비교어휘사전, 형설출판사.
난대 이응백 교수 정년퇴임 기념논문집(1988).
노성환 역주(1987), 古事記, 예전사.
윤영옥(1991), 고려시가의 연구, 연남대출판부.

---

46) 필자(2004), 고가요의 주석적 연구, 한국문화사. pp.151~152.

이남덕(1985), 한국어 어원 연구 Ⅰ.
李人稙 原作, 國文學大系 血의淚 雪中梅 ★ 銀世界(開化期의 文學篇), 正音社.
임동석 옮김(1998), 안자춘추(晏子春秋), 동문선.
정태현(2001), 역주 춘추죄씨전 1, 동양고전역주총서 1.
최학근(1978), 한국방언사전, 현문사.
료녕인민출판사(1982),『한조식물명칭사전』.

高靈申氏文獻刊行委員會(1984), 保閑齋全書[中], 殷成文化社.
교학사(1998), 大漢韓辭典.
몽어유해.
제교, 대한화사전.
韓漢淸文鑑.
S. Senghee(1993), ENGLISH MONGOLIAN DICTIONARY.

논문
강헌규(1973),「가시리」의 신석(新釋)을 위한 어문학적(語文學的) 연구(硏究), -「가사리」 評說에의 의의(疑義)를 중심(中心)으로-, 공주교육대학 논문집, 제10집.
____ (1973),「가시리」의 신석(新釋)을 위한 어문학적(語文學的) 고찰(考察), 국어국문학회, 국어국문학 제62·63 합병호.
____(1979),「청산별곡」의 신석을 위한 어문학적 연구, 공주교육대학 논문집 제15집.
____(1988),「청산별곡」 신석, 이규보의 한시와 대비를 통하여, 공주사범대학 논문집 제26집.
____(1989), '청산별곡' 신석, 이규보의 한시와 대비를 통하여, 어문연구 62·63 합병호 제17권 제2·3호.
____(1995),「청산별곡」결련의 새로운 고찰, 이중언어학회지 제12호, 이중언어와 해외 한국어 교육.

_____(1999),「청산별곡」결련의 '누로기'에 대한 재론 삼론, 한어문교육 제7집, 한국언어문학교육학회.

_____(2000),「청산별곡」결련(結聯)의 재고찰, 한어문교육 제8집, 한국언어문학교육학회.

_____(1980),「사모곡(思母曲) 신석(新釋)」-'호미'와 '놀', '날'의 어의(語意)를 중심으로-, 공주교육대학 논문집 제16집.

_____(1980), 고려가요(高麗歌謠)「사모곡(思母曲)」신고(新考), 제23회 전국국어국문학회발표대회 특집, 국어국문학 84호.

_____(2002), 구지가(龜旨歌)의 주석적 연구, 인문학논총(人文學論叢) 제2집, 국립7개대학 공동논문집.

처용가의 '머자 외야자 綠李야……내 신고홀 미야라'의 의미

On the Meaning of the 'Meoja Oyaja Rokni(綠李)ya' Appeared in the Cheoyong Song of the Koryo Kingdom Period

1. 여는 말
2. '머자 외야자 綠李야'의 의미에 대하여
   2.1 기존의 연구
   2.2 기존 연구의 의문점
   2.3 필자의 견해
3. 끝막는 말

⟨개요⟩

고려 처용가는 가면극(양주별산대놀이, 송파산대놀이, 봉산탈춤)과 깊은 관련이 있다. 고려 처용가의 연구는 가면극(탈춤, 탈놀이)의 연구 결과를 주시해야 한다. 백제인 미마지(味摩之)는 중국 남조의 오(吳)에서 기악(伎樂)을 배워, 백제에 들여오고 또 일본에 전하였다고 한다. 그 기록이 일본의 고악서(古樂書)에 전하고 있다. 신라 최치원의 향악잡영(鄕樂雜詠)[1], 고려 처용가 그리고 조선조 여러 문헌에는 우리의 가면극과 신라 및 고려 처용가와의

---
[1] 최치원의 향악잡영(鄕樂雜詠)에 보이는 신라 오기(五伎)는 중국 또는 서역계의 잡희(雜戲)와 관계가 있음이 밝혀졌다(장사훈, 한국음악사. pp.109~113).

관련성을 암시하고 있다. 고려 처용가를 올바로 이해하기 위해서는, 중국의 산악백희(散樂百戱), 한국의 가면극, 일본의 기악(伎樂)에 관한 연구 결과를 주목해야 할 것이다. 이들을 고찰한 결과, 고려 처용가에 보이는 '머자 외야자 綠李야……내 신고훌 미야라'에 대하여 다음과 같은 결론을 내리게 되었다.

1) '머자' : '멎자'가 그 옳은 표기로 보이며, 그 기본형은 '멎다'이다. '머자'는 '악하다(나쁘다, 모질다, 언짢다, 궂다)'를 뜻하는 '멎다'의 중첩 나열형(羅列形)이다.
2) '외야자' : 기본형은 '외다'이다. '외다'는 '오이다'의 준말로, 뜻은 '그르다, 그릇되다, 잘못되다'이다. '외야자'는 '외다'의 중첩 나열형이다.
3) '-자' : 중첩 나열을 뜻하는 어미이다. 현대어 '-자 마자'의 어미 '-자'와 유사한 형태로 보인다. 이는 중세어에서 명사의 열거를 뜻하는 첨사 '-여 / -야 / -이여'와 같은 종류의 것으로 보인다. '멎'+중첩 나열형 어미 '-자'는 '멎자'여야 할 것이다. '멎자'는 현대 국어에서 자음 중첩으로 경음화된다. 그러나 고려어에서는 국어사의 발달 과정상 경음화를 기대할 수 없다. 그리하여 '머자'가 되었을 것이다. 이는 또 발음의 편의나 또는 활음조(滑音調:euphony)를 위하여 중복된 자음 'ㅈ'를 탈락시켜 '머자'가 되었다고 볼 수도 있다. 이 '머자'가 전승되어 악학궤범과 악장가사에 채록된 것으로 보인다. 또 언중은 형용사 '멎다'의 본래 의미인 '악하다(나쁘다, 모질다, 언짢다, 궂다)'를 망각한 것으로 보인다. 그리하여 형용사 '멎다'의 어간 '멎-'을 '벗(梣)' 또는 사과로 인식하여, '머자'를 '벗(梣)' 또는 '사과'의 호격으로 오인하게 되었을 것이다. 형용사 '외야자'의 어간 '외얏-'도 명사 '외얏-(李)'의 호격으로 착각하게 되었을 것이다.
4) 중첩 나열형의 수식어 '머자 외야자'와 피수식어 '록리' 사이에는 현대국어 문법으로는 '-한'이 개입되어야 할 것이다. 이 '-한'의 탈락의 원인은 운율적 고려, 당시의 문법 현상, 혹은 채록 과정의 오류 등을 들 수 있다. 운율의 문제는 '쌸리나 내 신고훌 미야라'에서 '-나'의 삽입에 의한 '쌸리나'(3) '내 신고훌'(4) '미야라'(3)의 율조(律調)로도 알 수 있다.
5) 록리(綠李) : 위에 든 세 가면극(양주별산대놀이, 송파산대놀이, 봉산탈춤)에 나오는 '노장'에 대응되는 인격체로 보인다. 결코 '푸른 오얏'일 수는 없다. 우리 가면극의 이 '노장'은 일본 기악(伎樂)의 '곤륜(崑崙)'에 해당

되는 것으로 보인다. '록리(綠李)(고려 처용가) ∞ 노장(老丈)(양주 산대도 감극, 봉산탈춤) ∞ 곤륜(崑崙)(일본의 伎樂)'은 다음으로 확인할 수 있다.
① '록리(綠李)'의 자의(字意)가 '검은 옥관(獄官)/ 검은 판관(判官)/ 검은 사자(使者)'인 점. '록(綠)'에는 ①푸르다(靑黃色) ②검다(烏黑色)의 두 가지 색깔이 있다.
② 고려 익재(益齋) 이제현(李齊賢)이 처용놀이[處容戲]를 보고 쓴 시('조개 같은 이[齒] 붉은 얼굴이 달밤에 노래하는데:貝齒頳顔(정안)[2]歌夜月')에 처용의 얼굴이 붉다고 한 점.
③ 조선조(朝鮮朝) 초(初)에 행해진 처용놀이[處容戲]에서 오방처용(五方處容)이 검은 베옷을 입고 사모(紗帽)를 쓰고 춤을 추게 한 점.
④ 조선조 초에 관상감(觀象監)에서 주관하는 구나(驅儺)의 행사에 푸른 옷과 가면에 화립을 쓴 5명의 판관(判官)(判官五人綠衣假面着畫笠)이 나타나는 점.
⑤ 노장의 탈이나 피부가 흑색인 점. 곧 노장을 비오기 전의 흐린 날씨, 옹기 짐, 숯 짐, 대망(大蟒 :이무기)에 비유한 점.
⑥ '곤륜'(崑崙)의 피부가 검은 점.('곤륜'(崑崙)이란 원래 중국 남방의, 피부색이 검은 만족(蠻族)을 말한다. 그러나 여기서는 검은 피부색의 서역인(西域人)을 의미한다.)

6) '내 신고홀 미야라'는 '내 신고홀 니야라'의 잘못 채록 혹은 오각(誤刻)으로 보인다. 그 뜻은 '내 신 값을 내어라'이다. 그것은 위에 제시한 가면극과의 비교로 알 수 있다. 현전하는 위의 가면극에서 '내 신 값을 내어라.'라고 한 '신 장수'와, 신 값을 안 주고 장작찜을 하려는 '노장'과, '머자'(악하기도 하고) '외야자'(못되기도 한) '록리'(綠李)는 좋은 대조를 이룬다. 고려 처용가의 '머자 외야자 綠李야/ 쎨리 나 내 신고홀 니야라/ 아니옷 니시면[3] 나리어다 머즌말'을 하겠다는 '신 장수'와, 신 값을 안 내고 '머즌 말'[험한 욕]을 얻어먹어야 마땅할 노장과 좋은 짝을 이룬다. 현전하는 위의 세 가면극은 변용되긴 하였으나, 고려 처용가의 원형을 그 속에 잘 보존하고 있는 것으로 보인다.

---

2) 정안(頳顔/頹顔/桱顔) : ① 붉어진 얼굴. 인신하여, 미색(美色). ② 술에 취하거나 부끄러워서 붉어진 얼굴.
3) '니야라'와 '니시면'은 필자가 '미야라'와 '미시면'의 오류를 수정한 것임.

1. 여는 말

　본고는 고려가요 처용가의 두 번째 후강(後腔)에 나오는 '머자 외야자 綠李야……내 신고흘 미야라'에 대해 그 동안의 연구 결과를 살펴보고, 필자의 견해를 밝히는 데 그 목적이 있다.

2. '머자 외야자 綠李야'의 의미에 대하여

　각 단어의 의미를 추구하기에 앞서 해당 부분의 원전을 확인해 본다.

　① 머자 외야자 綠李여 샐리 나 내 싰고흘 미여라 아니옷 미시면 나
　　　　　　　　　록리
　리어다 머즌 말4)
　② 머자 외야자 綠李야 샐리 나 내 신고흘 미야라 (附葉) 아니옷 미
　　시면 나리어다 머즌 말5)

　①은 ≪악장가사(樂章歌詞)≫의 표기요, ②는 ≪악학궤범(樂學軌範)≫의 표기다. 의미의 해석에 차이를 줄 만한 표기의 차이는 보이지 않는다.

---

4) 만력(萬曆) 38년 내사본(內賜本)(광해군 2년판. 서기 1610년). 한국학문헌연구소(韓國學文獻硏究所) 선편(選編)(1973), 아세아문화사(亞細亞文化社)에서 발행한 ≪악장가사(樂章歌詞)≫ p.59의 표기. '아니웃'은 '아니옷'의 탈각임이 틀림없을 것이다. 그러나 우선 보이는 대로 옮겼다.
5) 일본 명고옥(名古屋)에 있는 『봉좌문고(蓬左文庫)』(9권 3책), 임진전판(壬辰前版) 성종 2년(서기1493년?). 연세대학교출판부(1968), 인문과학자료총서 2, 영인(景印) ≪악학궤범(樂學軌範)≫ 樂二. 36a의 표기. 서지 사항은 (김지용, 악학궤범 해설) p.1 참조.

2.1 기존의 연구

대체로 이에 대하여 선학들은 '멎(棯)아 외얏(李)아 푸른 외얏(綠李)아'로 풀고 있다.

우선 양주동(1973:180)은 이에 대해 다음과 같이 주장한다.

① 머자 : 「멎」(棯)의 호격. 「棯」의 俗訓은 「벗」이나 본가로써 그 원훈이 「멎」임을 알수잇다.(sic) 棯 멋내(字會 上.11).
② 외야자 : 「외얏」(李)의 호격.
③ 綠李아(여) : 「야」는 악장가사엔 「여」. 호격형(呼格形)으론 「야」가 정당(正當)하다.

양주동은 '록리(綠李)'의 뜻은 설명하지 않고 있다. 이외에 지헌영(1947:94), 홍기문(1959:271-272)[6], 유창돈(1964:315) 김형규(1971:268), 박병채(1973:158-159,1994:152-153), 최철(1996:168-169), 남광우(1997:555), 김완진(1998)[7] 최명옥 외(2002:212)[8], 곽충구(방언학 7:88~89)[9] 등도 거

---

[6] 홍기문만은 '綠李'를 설명하면서 "동북 방언에서 「오얏」을 「노리」 또는 「농이」라고 하고 서북 방언 일부에서 「농구」라고 하니 이 바로 「록리」의 음이 변해진 것으로 보인다. 본래는 「오얏」의 종류를 따라서 혹은 「오얏」, 혹은 「록리」로 부르던 것이나 후대에 이르러 한 지방에서는 「오얏」이란 말로 통일됨에 대하여 다른 지방에서는 「록리」란 계통의 말로 통일 되였던 것"(sic)이라고 하였다.
[7] 김완진은 고려 처용가에 나오는 '멎'을 '벗, 버찌'(山櫻)와 관련시켜 온 견해들을 부정하면서 다음과 같은 주장을 편다. "'멎'이라는 訓이 붙은 '棯'의 字義는 사과나 능금과 관계가 있는 것이지 '벗'과 관련되는 것이 아니다."라고 하였다. ≪향가와 고려가요≫(2000, 서울대 출판부.)에 실린, '고려가요 식물명의 두세 문제'. pp.323~324.
[8] 함경북도 북부지역어에서는 '자두'를 세분하여 '왜:지', '놀이', '머:지'의 3種이 있다고 한다. 최명옥 등은 "'오얏'을 '왜주'라 하는 것으로 보아(머지/왜지∞모주/왜주), '멎', '머지', '모주'는 동기원어가 틀림없어 보인다. 이 '멎'은 고려가요

의 같은 주장을 하고 있다. 이들의 주장을 더 자세히 보면 다음과 같다.

멎 :
멎(柰:지헌영). 나무를 가리키는 것이라면 「벗」… 열매를 가리키는 것이라면 「버찌」(홍기문). 벗(梣:양주동). 벗(梣:김형규). 버찌, 벗.(유창돈). 벗, 버찌(박병채). 멎, 버찌(최철).
능금(남광우. 김완진). 함북 북부지역어에서는 '자두'에 '왜:지', '놀이', '머:지'의 3種이 있다. "'오얏'을 '왜주'라 하는 것으로 보아(머지/왜지∞모주/왜주), '멋', '머지', '모주'는 동기원어다. 이 '멎'은 고려가요<처용가>의 '멎'과 관련될 가능성이 있어 보인다.(최명옥 외). '왜지'(=오얏, 자두)의 한 종류(곽충구).

외얏 :
외얏(李:지헌영. 유창돈), 오얏(홍기문. 김형규. 박병채. 남광우).

綠李 :
동북 방언에서 「오얏」을 「노리」 또는 「농이」라고 하고 서북 방언 일부에서 「농구」라고 하니 이 바로 「록리」의 음이 변해진 것(홍명희). 푸른 오얏(김형규).[10]

<처용가>의 '머자 외야자 綠李야'의 '멎'과 관련될 가능성이 있어 보인다."고 하였다. 최명옥 외(2002:212).
9) 곽충구는 동북 지역에 '멎'이라는 식물이 있는데 현지인들은 이를 '왜지'(=오얏, 자두)의 한 종류라 한다. …… '왜지'는 …… 세 종류가 있다. …… '멎'은 분명 '오얏'(자두)의 한 종류임을 알 수 있다.…… '멎'이 역사적으로는 '능금'을 가리키는 말이지만 동북방언권에서는 …… '오얏'의 한 종류로 편입되어 있는 것이다.…… 동북 지역에는 '능금'이 자라지 않기 때문에 '자두'의 한 이종을 '멎'이라 하게 되었을 것이다. 곽충구(2008:88~89).
10) '멎', '외얏'에 대하여는 대부분의 주석서에서 언급을 하면서도 '綠李(록리)'에 대해서는 대부분의 학자들이 주석을 보류하고 있다. '綠李(록리)'를 '푸른 오얏'이라고 해서는 너무도 평판적(平板的)인 해석이거나 무리라는 생각에서일 것이다. '멎', '외얏'을 각각 '벗(梣) 혹은 능금', '오얏(자두)'이라 함도 마찬가지다.

여기 '머자'··'외야자'··'綠李야'의 '멎'··'외얏'··'록리(綠李)'의 뜻을, 각각 '벗(棯) 혹은 능금'··'오얏(자두)'··'오얏/ 푸른 오얏'이라고 인정한다고 하여 보자. 해박한 전거의 제시와 자료 조사에 밀린 때문이다. 이들 단어의 의미 추정이 틀렸다는 말이 아니다. 고려 초용가의 이들 어사는 위의 의미로 쓰인 것이 아니란 말이다. 홍기문처럼 '록리(綠李)'를 '오얏'('노리' 또는 '농이')이라고 하면 다음과 같은 모순이 나타난다. 첫째는 앞에 나온 '외야자'의 '오얏'과 '록리(綠李)'의 '오얏'이 중복된다. 둘째는 이렇게 해석해 놓은 '버찌/벗/벗/멎/능금/자두/'와 '외얏/오얏'을 고려 처용가 원문에 대입하여 보라. 그 의미 불통(不通)을 어찌할 것인가? '록리(綠李)'를 '푸른 오얏'이라고 주석한 것은 더욱 어불성설이다. 이 때문에 대부분의 주석자들이 '록리(綠李)'는 그 주석을 보류하고 있는 것이다. 고려 처용가와는 아무 상관이 없는 어사(語詞)란 말이다. 이들 명사들의 호격으로 풀어서는 맥락이 전혀 통하지 않기 때문이다.[11] 이들 명사와 그 호격은 실제 의미를 가진 말들과 유음어적 관계에 있을 뿐이다.

---

11) 이는 십여 년 전에 중학교 국어 교과서에 실려서 물의를 빚었던 '으악새'의 일과 흡사하다. 그때 교과서 집필자는 사람들이 자주 부르는 노래('짝사랑')에 나오는 '으악새'를 '억새'(의 방언)라고 하였다. 사람들은 신대륙이라도 발견한 것처럼 호기심으로 그것을 받아들였다. 그러나 '으악새'는 '억새'의 방언이기도 하지만 또 '왜가리'의 방언이기도 하다는 사실을 잊었던 것이다. '아, 억새 슬피 우는 가을인가요'는 시적이기는 하지만, 사실과는 거리가 먼 것이었다. 이 노래에 나오는 '으악새'는 신기하지는 않지만 '왜가리'가 옳다. 그리하여 그 글은 바로 교과서에서 삭제되었다. 다행한 일이다. 그러나 많은 사람들은 아직도 교과서에 나왔었다고 그 '으악새'를 '억새'라고 믿고 있다. 두렵고 슬픈 일이다. 강헌규, '짝사랑'의 노랫말에 나오는 '으악새'에 대하여, 강헌규(2000), 국어학논문집, 공주대학교 출판부 참조.

2.2 기존 연구의 의문점

필자가 의심을 가지는 부분은 다음과 같다. 처용가는 '머자 외야자 綠李야'의 앞까지는 '處容아븨 즛'을 예찬하고 있다. 그러다가 이제까지의 주석에 따르면, '후강(後腔)'에서 갑자기 '버찌[樗]야 오얏[李]아 푸른 오얏[綠李]아'라고 부른다. 더구나 이들을 불러 '빨리 나와 내 신코를 매라.'고 호령하고 있다. 이 호령을 따라 '내 신코를 아니 매기만 하면', '머즌 말[악언(惡言)·주어(呪語)]이 나올 줄 알아라./ 악언(惡言)·주어(呪語)를 들을 줄 알라.'고 위협을 하고 있다. 이 위협과 저주를 받을 대상은 인격체여야 한다. 적어도 의인화되어 있어야 한다. '버찌[樗]'·'오얏[李]'·'푸른 오얏[綠李]'이라는 식물(植物/ 食物)로 보아서는 비합리적이다. 이 같은 비합리성에 착안하여 그 모순점을 해결하려 한 이는 최철과 윤경수다.

> "버찌 오얏아 푸른 오얏아"라고 호칭하면서 빨리 나와 내 신의 코를 매라는 이 문장의 해석이 아무래도 자연스럽지 않다. 버찌, 오얏 등을 부른 것으로 보아 이것이 사람 이름을 비유한 것으로 보아야 자연스런 해석이 될 것 같다. 따라서 버찌나 오얏 등은 童妓, 혹은 연희와 관련된 기생을 비유적으로 표현한 것이 아닌가 여겨진다. 하지만, 꼭 어떤 구체적인 인물을 지칭한 것이라기보다는 자신의 출정을 사람들에게 알리고 선포하는 것이라 보는 것이 타당하다.(최철, 1996:168-169)

> 처용가는 무속의 본령인 음양관념으로 규명해 볼 필요성이 내존하게 된다. 歌舞가 陽이고 疫神은 귀신이니 陰이 된다. 그러니까 처용가는 陽으로 陰을 퇴치하는 관념이 잘 노정되어 있는 것이다. ……
> 울산지방은 물론 전국 도처에서 무격이 병자나 실성한 사람을 치료할 때 복숭아·매화·버드나무채12)로 심히 때리게 된다. 이들 나무는

봄날의 陽光을 가장 많이 받게 됨으로 귀신퇴치에 사용되는 것이다. 이들로 때리는 것은 나무 자체가 양성이니, 그 기운이 몸으로 들어가서 음을 물리치라는 뜻이다. 그래서 굿거리할 때 무격이 이들 나무로써 병자를 때리는 것은 일종의 양으로 음을 물리치는 행위라 하겠다.(윤경수, 1993:107-109)

주석의 내용과 문맥상 문제의 해결을 위하여 최철은 '머자 외야자 綠李야'의 '멋・외얏・록리(綠李)'를 '동기(童妓), 혹은 연희와 관련된 기생을 비유적으로 표현한 것'으로 보았다. 이와 달리 윤경수는 역신(疫神)을 쫓는 존재로서 '양성(陽性)'을 가진 '멎[梅]・오얏[李]・푸른 오얏[綠李]'으로 보았다. 이렇게 비유적으로 보아도 오리무중인 것은 마찬가지다. '동기(童妓), 혹은 연희와 관련된 기생을 비유적으로 표현한 것'이란 증거가 어디에 있는가? 역신(疫神)을 쫓는 존재로서 '양성(陽性)'을 가진 '멎[梅]・오얏[李]・푸른 오얏[綠李]'의 증거가 어디에 있는가?

최철은 또 '빨리 나와 내 신코를 매어라.'라고 호령을 할 대상을 '멎[梅]・오얏[李]・푸른 오얏[綠李]'으로 보았다. '멎[梅]・오얏[李]・푸른 오얏[綠李]'이 신코를 어떻게 맬 수 있단 말인가? 또 "왜 '신고ㅎ(/싢고ㅎ)'를 매라고 하는가?" 하는 이유를 설명할 수가 없다. 또 위의 세 존재 '멎[梅]・오얏[李]・록리(綠李)'에게 한 켤레(/두 짝)의 '신고ㅎ(/싢고ㅎ)'를 매게 한 이유는 무엇인가? '신코를 매는 데' 셋이나 되는 인격체가 필요하단 말일까? 둘이면 충분할 것이다. 이 같은 해석은 '머자 외야자'가 '록리(綠李)'를 수식하는 형용사임을 간과한 데서 비롯한 듯하

---

12) 강령탈춤 대사[이두현(1997), 한국 가면극선, p.253. 오인관・양소운 구술, 이두현・김기수 채록]에서는 취발이가 '타령에 맞춰 노승과 대무하다가 버드나무 가지로 노승을 후려쳐 내쫓는' 대목이 있기는 하나 '멎[梅]・오얏[李]'나무는 이 같은 예가 없다.

다. 윤경수의 견해도 호령을 받을 대상을 '멎[梅]·오얏[李]·푸른 오얏[綠李]'의 셋으로 본 흠이 있다. 이외에, 귀신을 쫓는 '양성(陽性)'을 가진 존재로서 복숭아·매화·버드나무를 들고 있는데, '도(桃)'·'매(梅)'·'류(柳)'가 귀신을 쫓는 '양성(陽性)'을 가진 존재로 보는 민속이 있다고 하더라도, '멎[梅]·오얏[李]·푸른 오얏[綠李]'의 셋이 다 그러한 능력이 있다고 하는 민속학의 보고는 확실하지 않다는 흠이 있다.13)

2.3 필자의 견해

필자는 '머자 외야자 綠李야'의 '머자 외야자'는 '록리(綠李)'를 꾸미는 말로 본다.

1) 머자 : 뒤에 나오는 '머즌말[惡言·呪語]'의 '머즌'이 '말[言·語]'을 수식하는 것처럼, '머자 외야자'는 '록리(綠李)'를 꾸미는 말이다.

'머즌(말)'에 대한 이제까지의 해석은 다음과 같다.

    양주동 : 惡(言)·呪(語), 「멎」(惡)의 연체형.
    지헌영 : 最後(宣言), 나쁜(말), 모딘(말)(呪言).
    홍기문 : 언짢다는 뜻의 옛말이다.
    김형규 : 災禍의, 궂은.
    박병채 : 궂은, 흉한.

---

13) 고려 처용가와 봉산탈춤 간에는 여러 가지 유사점이 보인다. 봉산탈춤 제4과장 제3경 취발이놀음에는 취발이가 두 손에 푸른 버드나무 가지를 들고 한쪽 무릎에 큰 방울을 달고 나올 뿐이다. '멎[梅], 오얏[李], 푸른 오얏[綠李]'은 보이지 않는다.

이상으로 '머즌'은 '나쁜, 모진, 언짢은, 궂은·흉한'의 뜻을 가진 형용사로서, 기본형은 '멎다'임을 알 수 있다. 고어사전들도 대체로 이와 같이 풀이하고 있다.

멎다 : 궂다. 흉하다.14)

懺爲如乎仁惡寸15)業置(普皆廻向歌)
種種 머즌 보매 뻐디옛거든 다 引導ᄒᆞ야(釋譜9:8).
머즌 일 지운 因緣으로 後生애 머즌 몸 ᄃᆞ외야(月釋2:16).
머즌 그르슬:凶器(三綱. 孝12).
여러 가지 머즌이롤 受호미ᄉᆞ녀(월석21:89).
災禍ᄂᆞᆫ 머즐 씨라(월석1:49).

이상의 '나쁜, 모진, 언짢은, 궂은'을 뜻하는 '머즌', '머즐'의 기본형은 '멎다'이다. 따라서 여기 고려 처용가에 나오는 '머자'는 '멎자'가 옳은 표기일 것이다.

2) 외야자 : '외다'의 중첩 나열형(羅列形)이다. '외다'는 '그르다[誤. 非], 그릇되다, 잘못되다'란 뜻을 가진 '오이다'의 준말이다.

① 滿國히 즐기거늘 聖性에 외다 터시니:滿國酷好聖性獨闢(龍歌107장).
② 이 새지브란 외다 ᄒᆞ야:此白屋非(杜15:5).
③ 키 날회야 호미 외니:不可大緩(蒙山法語 23).
④ 勞度差의 幻術이 漸漸 외야갈씨(月印上163).

---

14) 남광우(1997), 교학 고어사전. 유창돈(1979), 이조어사전, 연세대출판부.
15) '惡寸'을 '머즌'으로(지헌영, 향가여요신석 p.48), '멎촌'(轉字)·'머즌'(轉寫)으로(김완진, 향가해독법연구, pp.201~202) 읽음은 정곡을 얻은 것으로 보인다.

⑤ 醫를 맛나고도 왼 藥을 머겨 아니 주긇 저긔 곧 橫死ᄒᆞ며(釋譜 9:36).
⑥ 외니 올ᄒᆞ니 이긔니 계우니 홀 이리 나니라(月釋1:42).
⑦ ᄯᅩ 미친 어즈러운 왼 相이 이시리여:復有狂亂非相(楞解2:109).
⑧ 迷ᄒᆞ야 오요미 이에 니르도다:迷謬至此(楞解10:23).
⑨ 그 오요ᄆᆞᆯ 아디 몯ᄒᆞᆯ씨:不知其非(楞解10:61).
⑩ 涅槃이 能히 見思의 외요ᄆᆞᆯ 마ᄀᆞ니(法華1:6).
⑪ 올ᄒᆞ며 외요ᄆᆞᆯ 간대로 보아(金剛16).
⑫ 둘흔 毗奈耶ㅣ니 예셔 닐오맨 調伏이니 三業을 고티며 외요ᄆᆞᆯ 降伏힐 시라:二毗奈耶此云調伏謂調鍊三業制伏過非(圓覺上一之一17).
⑬ 邪ᄒᆞᆫ 외요ᄆᆞᆯ 기피 마ᄀᆞ샤미니:深防邪謬(楞解9:83).
⑭ 邪ᄒᆞᆫ 스승의 허믈 외요미언뎡:邪師過謬(圓覺下一之一56).
⑮ ᄒᆞᆫ갓 겨지블 거느리디 아니호미 외욤과 威儀 整齊 아니호미 왼 주를 알시:徒知妻婦之不可不御威 儀之不可不整(宣賜內訓2上6).

위의 예문에서 ⑧'오요미'는 기본형 '오이다'('외다'는 준말)의 명사형 '오욤' + 주격어미 'ㅣ'의 연철 형태일 것이다. '오이다'의 명사형 '오욤'에 목적격조사 '-을(/ㄹ)'이 첨가되고 'ㅣ모음동화'가 이루어진 것이 ⑪'외요ᄆᆞᆯ'이다. '외야자'는 위의 ⑪'외요ᄆᆞᆯ'의 '외요-'의 모음변이가 이루어진 것에다, 중첩 나열형 어미 '-자'가 붙은 것이다.

3) '-자' : 용언(동사, 형용사)의 중첩 나열형 어미다. 중첩 나열형 어미는 원래 '-쟈'이나 근세 문헌에서도, 또 동일 문장 안에서도 '-쟈/-자'가 임의적으로 나타난다.

① 樂只16)**쟈** 오늘이여 즑어온쟈 今日이여, 金玄成 (일석본 55, 주씨

---

16) 낙지(樂只): 즐거움. 유쾌함. '只'는 어조사.[詩經. 小雅 南山有臺] 樂只君子 邦家之基(즐거운 군자여/ 국가의 터전이로다.).

본 56, 해동가요).
② 樂只쟈 오날이여 즐거은쟈 수日이야 즐거온 오늘이 힝혀 아니 져 물셰라, 金玄成(瓶歌 108).[17]
③ 나온쟈 오늘이여 즑어온자 수日이아, 金玄成(박씨본 詩歌, 109).
④ 나온쟈 오늘이아 즑어온자 수日이아, 金玄成(홍민본 靑丘永言, 116).
⑤ 樂只(나온)쟈 오늘이여 즐거온쟈 수日이여(靑丘永言 吳氏本. p.22).
⑥ 樂只자 오늘이여 즐거온자 수日이여(해동가요).[18]
⑦ 말 디쟈 鶴을 트고 九空의 올나가니(송강-이 7. 관동별곡).
⑧ 대쵸 볼 불근 골에 밤은 어이 뜻드르며… 술 닉쟈 체 쟝ᄉ 도라 가니 아니 먹고 어이리(靑丘永言-원 38).

위의 예문에 보이는 '나온쟈/즑어온쟈/즑어온자/즐거온쟈/즐거온자'는 형용사의 관형사형 다음에, '디쟈', '닉쟈'는 어간에 '중첩 나열형 어미', '-쟈/-자'가 접미된 예들이다.

다음은 용언 어간에 '중첩 나열형 어미'인 '-자'가 직접 연결된 현대 한국어의 용례다. 실제로 현대 한국어 사전들은 "일부 그림씨 줄기에 붙어, 그 상태와 더불어 어떤 일이 일어남을 나타내는 이음끝."이 있음을 인정하고 있다.[19]

① 날이 덥~ 비가 온다.
② 날이 밝~ 들로 나갔다. (참고) -자 마자.
③ 날이 밝~마~ 들로 나갔다.

---

17) 심재완(1972), 교본 역대시조전서, 세종문화사. p.169.
18) 이희승(1996), 국어대사전은 여기 '-자', '-로다. -도다.'를 뜻하는 어미로 풀이하였다.
19) 한글학회(1992), 우리말큰사전, 어문각.
다음의 예도 있으나, 필자는 '머자 외야자'를 형용사로 보고 있기 때문에 논외로 하였다. ①움직씨 줄기에 붙어 그 움직임에 잇따라 다른 움직임이 일어남을 나타내는 이음끝. (ㅂ)까마귀 날~ 배 떨어진다. 해가 떨어지~ 바람이 분다.

④ 그 여선생님은 시부모님의 효성스러운 며느리이~, 친정 부모님의 착한 딸이~, 학생들의 실력있는 선생님이~, 남편의 어진 아내이~, 자녀들의 자상한 어머니이~, 그녀가 속한 사회의 성실한 일꾼이었다.[20]

④를 '머자 외야자 綠李야'의 틀로 바꾸어 본다. 즉 ㉠수식어(형용사)와 ㉡피수식어(명사)를 분리・발췌한 후 열거하여 본다.

㉠ 효성스럽자, 착하자, 실력있자, 어질자, 자상하자, 성실하자(성실하자 한→성실한) 여선생님아.
㉡ 며느리이자, 딸이자, 선생님이자, 아내이자, 어머니이자(어머니이자 한→어머니인) 여선생님아.

㉠㉡의 중첩 나열형 어미 '-자'의 마지막 예인 '성실하자'는 '성실하자 한→성실한'으로, '어머니이자'는 '어머니이자 한→어머니인'으로 바뀌었다. 즉 현대 한국어에서는 중첩 나열형 어미 '-자'의 다음에는 '-한'이 개입한다. 그러나 고려 처용가는 '머자 외야자' 다음에 바로 '綠李야'가 연결된다. 즉 중세어에서는 '-자 -자'의 중첩 나열형 어미 다음에 '-한'이 개입하지 않고 직접 연결되었던 것으로 보인다. 이 같은 사실은 다음으로 알 수 있다. 앞에 제시한 예문을 다시 제시한다.

① 樂只쟈 오놀이여 즑어온쟈 今日이여, 金玄成 (일석본 55, 주씨본 56, 해동가요).
② 樂只쟈 오날이여 즐거은쟈 今日이야 즐거온 오놀이 힝혀 아니 져 물셰라, 金玄成(甁歌 108).
③ 나은쟈 오놀이여 즑어온자 今日이아, 金玄成(박씨본 詩歌, 109).
④ 나온쟈 오놀이아 즑어온자 今日이아, 金玄成(홍민본 靑丘永言,

---

20) ④는 필자가 만든 문장이다.

116).
⑤ 樂只(나온)쟈 오늘이여 즐거온쟈 今日이여(靑丘永言 吳氏本. p.22).
⑥ 樂只자 오늘이여 즐거온자 今日이여(해동가요).

위의 예문에서 앞의 '-쟈(/자)' 다음에 오는 피수식어 '오늘이여'를 소거(消去)하여 본다.

① 樂只쟈   즑어온쟈 今日이여, 金玄成 (일석본 55, 주씨본 56, 해동가요).
② 樂只쟈   즐거은쟈 今日이야 즐거온 오늘이 힁혀 아니 져물셰라, 金玄成(甁歌 108).
③ 나은쟈   즑어온자 今日이아, 金玄成(박씨본 詩歌, 109).
④ 나온쟈   즑어온자 今日이아, 金玄成(홍민본 靑丘永言, 116).
⑤ 樂只(나온)쟈 즐거온쟈 今日이여(靑丘永言 吳氏本. p.22).
⑥ 樂只자   즐거온자 今日이여(해동가요).

이상의 예문은 고려 처용가의 '머자 외야자 綠李야'와 똑같은 구조가 된다. 즉 '-쟈(/-자)' 다음에 '-한'이 없이 직접 명사(체언)가 연결된다. 이것은 고려 처용가 '머자 외야자' 다음에 '-한'이 없이 '綠李야'가 바로 연결된 이유를 설명하고 있다. 즉 고려어(중세어)에서는 중첩 나열형 어미 '-자 -자'의 맨 끝 '-자'의 다음에 바로 피수식어(체언)가 연결되었음을 암시하고 있다.

이기문은 중세어에서 열거를 뜻하는 첨사 '여 / 야 / 이여'를 다음과 같이 제시하고 있다.21)

중세어 특유의 첨사에 열거를 뜻하는 '여'가 있었다. 16세기에는 '야'로도 나타난다. 예. 굴그니여 혀그니여 우디 아니ᄒ리 업더라(월

---
21) 이기문(2000), 신정판 국어사개설, 태학사, p.185.

인석보 10.12), 나져 바며(두시언해 8.29, 구급간이방 1.114), 나쟈 바 먀(번역박통사 上 68). 간혹 '이여'로도 보인다. 나지여 바미여(내훈 2 下 17).

위에 보인 열거를 뜻하는 첨사 '-여 / -야 / -이여'는 체언의 열거에 쓰인 예들이다. 필자가 추구하는 '-쟈'는 형용사의 중첩 나열형으로 뒤에 체언이 연결된다는 점이 다르다. 중세국어에서 중첩 나열의 맨 끝에 있던 조사가 생략되지 않는 예가 중세 국어에 있다.

① 엇뎨 뫼콰 내쾌 간격홀 쑤니리오 (豈伊山川間) (杜 8:59).
② 믈와 문과애 다 나아가리라 (水陸並進也) (蒙山法語 38).
③ 저와 놈과롤 어즈려 (석9:16).
④ ㆍ와 ㅡ와 ㅗ와 ㅜ와 ㅛ와 ㅠ와란 첫소리 아래 브텨 쓰고, (국역 훈민정음).
⑤ ㅣ와 ㅏ와 ㅓ와 ㅑ와 ㅕ와란 올훈 녀긔 브텨 쓰라 (국역 훈민정음).

①~⑤의 마지막 접속조사 '①쾌, ②과, ③과, ④와, ⑤와'는 현대 국어에서 생략된다. 중세국어의 이 같은 규칙은 '머자 외야자 綠李야'(고려어)에도 소급, 적용된다고 본다.

중세어에서 '-자, -자마자'[동작이 막 끝남을 나타내는 연결어미]를 뜻하는 '-쟈'도 의미가 변하기는 했지만, 기원적으로는 필자가 논하고자 하는 '중첩 나열형 어미'였을 것이다.

말 디쟈 鶴을 틱고 九空의 올나가니(송강. 관동별곡).
술 닉쟈 체 장스 도라가니(古時調. 대쵸 볼 불근 골에. 靑丘).[22]

---

[22] 남광우(1997), 교학 고어사전, 교학사.

현대국어에서는 위에 보인 것처럼, 동사나 형용사의 어간에 접미된 '-쟈/-자'는 부사적으로 사용되면서, 마지막 중첩 나열형 어미('-쟈/-자')는 생략된다. 고려 처용가에 나타난 '머자 외야자 綠李야'의 '-자' 둘(2)은 어간 말음이 중복되어 하나는 생략된 것이고, '-야' 하나는 호격조사다. '-야'는 모음 말음 뒤에 온 호격조사 '-아'가 모음 충돌을 피해서 변형된 것이다. 이는 이기문이 지적한 바와 같이, 중세어에서 열거를 뜻하는 첨사 '여 / 야 / 이여'와 같은 종류의 것이다. 고려어의 중첩 나열형 어미 '-자'는 다음과 같이 변해 온 것으로 추정된다.

'*멎자 외야자 綠李야' → '머자 외야자 綠李야' → '악하자(악하기도 하고) 못되자(못되기도 한) 綠李야' → '악하자 못되자(한) 綠李야' → '악하자 못된 綠李야' → '악하기도 하고 못되기도 한 綠李야'.

4) '록리(綠李)'의 의미

문헌상의 용례를 찾을 수 없으나, '록리(綠李)'는 '악하고(머자)', '못되고(외야자)' (한) 인격체임이 틀림없다. 최철이 '동기(童妓), 혹은 연희와 관련된 기생', 김무헌(1997:258)이 '화자(話者)인 본무당(本巫堂)의 수행무당(隨行巫堂)'으로 본 것은, 우선 인격체로 본 점에서는 탁견이라고 본다.[23] 중요한 것은 '록리(綠李)'가 특별히 한자로 쓰여 있다고, 쉽사리 축자역(逐字譯)하여 '푸른 오얏'이라고 해서는 안 된다. 이는 술 이름[酒名]인 '한산춘(韓山春)'·'약산춘(藥山春)'·'토굴춘(土窟春)'·

---

[23] 김무헌이 다음과 같이 주석을 한 것은 숲을 두드린 감이 있긴 하나, 바늘을 찾지는 못한 듯하다.
綠李; 파란 오얏, 話者인 本巫堂의 隨行巫堂 가운데 한 사람으로, 버찌나 오얏보다 젊은이다(버찌야, 오얏아, 어린 오얏아).

'석동춘(石凍春)'・'이화춘(梨花春)'・'낙양춘(洛陽春)'・'무릉춘(武陵春)'・'노산춘(魯山春)・만전춘(滿殿春)'의 '춘(春)'을 '봄'으로 보아 엉뚱하게 푸는 것과 같다.24)

필자는 '록리(綠李)'의 의미를 추구하는 방법으로 다음과 같은 것들이 있다고 생각한다.

(1) 악학궤범・악장가사에 '록리(綠李)'라고 한자로 적혀 있는 점을 고려하여, 한자의 훈을 따라 해석하는 방법

綠
A25) : ①푸를 록(靑黃色). 또는 녹색. ②댑싸리 록(草名). 씨는 지부자(地膚子)라 하여 약으로 쓴다. 왕추(王芻) ③푸른잎 록(綠葉). 초목의 푸른 잎. ④검을 록(烏黑色). 검은 빛. ⑤비기 록(秘記). 임금이 하늘로부터 받았다는 예언서. 籙으로도 쓴다.
B : ❶푸르다. 또는 녹색. ❷푸르게 하다. ❸새까만 색깔. ❹녹색의 물건. ❺제왕이 천명(天命)으로 받은 부록(符錄). ❻풀 이름. 조개풀. 菉과 통용.

---

24) "'춘(春)'을 '봄'으로 보아 엉뚱하게 푸는 것"이란 '한산춘(韓山春)'・'약산춘(藥山春)'・'토굴춘(土窟春)'・'석동춘(石凍春)'・'이화춘(梨花春)'・'낙양춘(洛陽春)'・'무릉춘(武陵春)'・'노산춘(魯山春)'・'만전춘(滿殿春)'을 각각'한산(韓山)의 봄'・'약산(藥山)의 봄'・'토굴(土窟)의 봄'・'석동(石凍)의 봄'・'이화(梨花)의 봄'・'낙양(洛陽)의 봄'・'무릉(武陵)의 봄'・'노산(魯山)의 봄'・'만전의 봄/뜰에 가득한 봄'으로 해석함을 말함. 이들은 모두 술 이름이다. 유사한 오류는 고려가요 '사모곡'의 '호미', '눌ㅎ', '낟'의 주석에도 나타나고 있다. 강헌규(2004), 고가요의 주석적 연구, 한국문화사. pp.59~83 참조.
25) 'A'는 교학사(1998), 교학 대한한사전을, 'B'는 단국대학교 동양학연구소(2006), 한한대사전을 말함 이하 같음.

李

A : ①오얏나무 리(木名). 자두나무. 앵도과의 낙엽 교목. ②오얏 리(李實). 오얏나무의 열매. 자두. ③별이름 리(星名). ④옥관 리(獄官). 옛날 옥을 다스리던 관원. 법관(法官). 理와 통용. 26) ⑤도리 리(道理). 또는 규율. 理와 통용. ⑥심부름꾼 리. 사자(使者). ⑦성 리(姓也).

B : ●과실 나무 이름. 오얏나무. ●과실 이름. 오얏. ㊂理와 통용. ①옥관(獄官). 법관. ②도리. 규율. ③다스리다. 징계하여 다스리다. ④보따리. ⑤별 이름. ㊃성(姓).

'綠'A의 ①과, '李'A의 ④·⑥의 뜻을 취하면 '푸른 옥관(獄官)' 혹은 '푸른 사자(使者)'로 볼 수도 있다. 또 '綠'A의 ④와 '李'A의 ④·⑥의 뜻을 취하면 '검은 옥관(獄官)' 혹은 '검은 사자(使者)'로 볼 수도 있다. 또 '綠'B의 ●● 혹은 ㊂과 '李'B의 ㊂①을 취하면 '푸른 옥관' 혹은 '검은 옥관'이 된다. 이것은 '李'가 '理'와 통용된다고 한 것으로 보아서도 알 수 있다. 다음에 제시한'理'A의 뜻 ⑨ ⑩과 B의 ㊅ (卄二)를 연결할 필요가 있다.

理

A : ①옥다듬을(治玉) ②다스릴(治理) ③도리(道理) ④조리(條理) ⑤결(紋理) ⑥하소연할(申訴) ⑦복습할(溫習) ⑧법(法紀) ⑨옥관(獄官). 법관(法官) ⑩심부름꾼(使者). 매개인(媒介人) ⑪좇을(順也) ⑫연주할(彈奏) ⑬깨달을(理解) ⑭거동(容止) ⑮철학개념(哲學槪念).(교학 대한한사전)

B : ㊀~㊅27) ㊆법기(法紀). 법률.㊇법관(法官). 옥관(獄官). ㊈형벌·소송·재판 따위를 관장하는 관서. (卄—)하소연하다. 호소하다. 해명하다.(卄二)중매인. 사자(使者).(卄三)~(卄六).

---

26) 옥관(獄官) : 옛날, 옥을 다스리던 관원. 법관(法官). '理'와 통용.
27) 번잡을 피해 생략하였음. 이하 같음.

이 같은 가능성은 학연화대처용무합설(鶴蓮花臺處容舞合設)28)에 보이는 청처용(靑處容)·홍처용(紅處容)·황처용(黃處容)·흑처용(黑處容)·백처용(白處容)의 색깔 중 '綠'의 색깔인 '①푸른(靑黃色)'과 '④검은(烏黑色)'과 유사한 '청처용(靑處容)'과 '흑처용(黑處容)'이 있는 점, '리(李)'가 '옥관(獄官)' 또는 '사자(使者)'를 뜻하는 점, 특히 '옥관(獄官)'을 뜻하는 '리(李)'가 '리(理)'와 통한다는 점 등에서 비롯한다. 따라서 '록리(綠李)'는 '푸른 오얏'이 아니라 '검은(푸른) 옥관(獄官)/판관(判官)', '검은(푸른) 사자(使者)'임을 알 수 있다.

(2) 궁중의 구나(驅儺) 행사에 보이는 처용의 모습으로 미루어 아는 법
고려 익재(益齋) 이제현(李齊賢)이 처용놀이[處容戲]를 보고 쓴 시('조개 같은 이[齒] 붉은 얼굴이 달밤에 노래하는데:貝齒頳顔歌夜月')에 처용의 얼굴이 붉다고 하였다.

③조선조(朝鮮朝) 초(初)에 행해진 처용놀이[處容戲]에서 오방처용(五方處容)이 검은 베옷을 입고 사모(紗帽)를 쓰고 춤을 추게 한 점.29)

④조선조 초에 관상감(觀象監)에서 주관하는 구나(驅儺)의 행사에 푸른 옷30)과 가면에 화립을 쓴 5명의 판관(判官)(判官五人綠衣假面着畵笠)

---

28) 악학궤범 권5.
29) 민족문화추진회(1971, 1985), 국역 대동야승(大東野乘) Ⅰ, 고전국역총서 49. 국역문 p.22, 원문 p.564. 익재 이제현(李齊賢)의 시에 '조개 같은 이와 붉은 얼굴이 달밤에 노래하는데, 솔개인 양<으쓱한>어깨에 붉은 소매가 봄바람에 춤춘다.'한 것은 이것이다. 처음에는 한 사람으로 하여금 검은 베옷에 사모를 쓰고 춤추게 하였는데, 그 뒤에 오방처용이 있게 되었다(益齋詩所謂 貝齒頳顔歌夜月 鳶肩紫袖舞春風者也 初使一人黑布紗帽而舞 其後有五方處容). 여기 달밤에 보이는 얼굴의 붉은 색은 실은 검은 색이다.
30) 여기 '푸른 옷'이란 원문의 실제 뜻을 모르고, '녹의'(綠衣)를 관습적으로 번역한 것이다. '구나(驅儺)의 행사'의 진의를 알았다면 '검은 옷'으로 번역했을 것이다.

이 나타나는 점.31)

(3) 가면극의 연구 결과를 원용하는 방법

'록리(綠李)'는 구체적으로 오늘날 가면극에서 '노장(老長/ 老丈)'32) 으로 변용된 것으로 보인다.

> 노장(老長) : ①노장중(老長-). 나이가 많고 덕행이 높은 중. ②≪불교≫ 노승(老僧)의 존칭. ③≪연≫봉산(鳳山) 탈춤·강령(康翎) 탈춤·송파(松坡) 산대놀이·양주(楊州) 별산대놀이 등에 등장하는 파계승(破戒僧)의 이름. 긴 염주를 목에 걸고 부채를 들었으며, 검은 바탕에 점이 많이 박힌 탈을 썼음.33)
>
> 노장(老丈) : 늙은 남자에 대한 경칭.34) 나이가 많고 덕행이 있는 사람을 높여 부르는 말. 【용례】 (정원로가) 또 말하기를, "…오정창이 말하기를, '옛날 범증이 나이 70에 기이한 계책을 좋아하였는데, 지금 노장도 범증35)과 같습니다.' 하였습니다." 하였다. ; 又曰…挺昌曰 昔范增七十好奇計 今老丈亦如范增云[숙종실록 10 : 15

---

31) 驅儺之事 觀象監主之 除夕前夜 入昌德昌慶闕庭 其爲制也 樂工一人爲 唱師朱衣着假面 方相氏四人黃金四目蒙熊皮執戈擊柝 指軍五人朱衣假面着畫笠 判官五人綠衣假面着畫笠.[민족문화추진회(1971, 1985), 국역 대동야승(大東野乘) Ⅰ, 국역문 p.24, 원문 p.565.]
32) '노장(老長/ 老丈)'은 노승(춤)(강령탈춤 제8과장, 은율탈춤 제5과장)으로도 나타난다.
33) 이희승(1996), 국어대사전. 한국정신문화연구원(1991), 한국민족문화대백과사전 5.
34) 교학사(1998), 교학 대한한사전.[搜神記. 卷1] 少年問曰 老丈有何事失聲嗟歎而過.
35) 범증(范增) : 진말(秦末) 거소(居鄛) 사람. 뛰어난 계모(計謀)로 항우(項羽)를 도와 패왕이 되게 하여 아보(亞父)라고 불리었다. 항우에게 수차례 유방(劉邦)을 죽이라고 하였으나 항우가 듣지 않고 도리어 유방의 반간계(反間計)에 빠져 자신의 벼슬을 빼앗자, 분을 이기지 못하고 떠나다가 등창이 나서 죽었다.

가 6.윤8 기축(3)]이욱.36)

'록리(綠李)'가 '노장(老長/ 老丈)'으로 변용된 것으로 보는 이유는, 오늘날 가면극의 연구 결과37)를 보면 알 수 있다.

① 양주별산대놀이 : 크게 8과장으로 나뉜다. 제1과장 상좌춤, 제2과장 옴중과 상좌, 제3과장 옴중과 목중, 제4과장 연(蓮)잎과 눈끔적이, 제5과장 팔목중[제1경 염불(念佛)놀이, 제2경 침놀이, 제3경 애사당 법고놀이], 제6과장 노장(老長)[제1경 파계승(破戒僧)놀이, 제2경 신장수놀이, 제3경 취발이놀이], 제7과장 샌님[제1경 의막사령(依幕使令), 제2경 포도부장놀이], 제8과장 신할아비와 미얄할미.38)

② 송파산대놀이 : 크게 7과장으로 나뉜다. 제1과장 상좌춤, 제2과장 옴중, 제3과장 연잎과 눈끔적이, 제4과장 팔먹중[제1경 북놀이, 제2경 곤장놀이(염불놀이) 제3경 침놀이], 제5과장 노장[제1경 파계승놀이, 제2경 신장수놀이, 제3경 취발이놀이], 제6과장 샌님[제1경 의막사령놀이(말뚝이놀이), 제2경 샌님과 미얄할미, 제3경 샌님과 포도부장], 제7과장 신할아비와 신할미.

③ 봉산탈춤 : 크게 7과장 놀이로 나뉜다. 제1과장 사상좌(四上佐)춤, 제2과장 팔목중춤[제1경 목중춤, 제2경 법고놀이], 제3과장 사당춤, 제4과장 노장춤[제1경 노장춤, 제2경 신장수춤, 제3경 취발이춤], 제5과장 사자춤, 제6과장 양반춤, 제7과장 미얄춤.

---

36) 세종대왕기념사업회(2001), 한국고전용어사전 1. p.1135.
37) 이두현, 한국가면극선, 1997, 차례 Ⅴ~Ⅵ 참조.
38) 같은 양주 별산대놀이라도 조종순 구술본(1930)은 11과장까지 있고, 제6과장이 '관(冠)쓴 중'이고 제7과장이 '노장'이다. 김성대 구술본(1968)은 제6과장이 노장(제1경 파계승놀이, 제2경 말뚝이(신장수), 제3경 취발이)이고, 제7과장이 샌님(제1경 의막사령놀이, 제2경 포도부장놀이)으로 되어 있다(백제기악보존회 편(2007), 백제기악(百濟伎樂), 동문선 문예신서 338, p.218).

처용가의 '머자 외야자 綠李야……내 신고흘 미야라'의 의미 | 167

이를 표로 보이면 다음과 같다.

	양주별산대놀이(8과장)	송파산대놀이(7과장)	봉산탈춤(7과장)
제1과장	상좌춤	상좌춤	사상좌춤
제2과장	옴중과 상좌	옴중	팔목중춤(제1경 목중춤, 제2경 법고놀이)
제3과장	옴중과 목중	연잎과 눈끔적이	사당춤
제4과장	연잎과 눈끔적이	팔먹중(제1경 북놀이, 제2경 곤장놀이(염불놀이), 제3경 침놀이).	노장춤(제1경 노장춤, 제2경 신장수춤, 제3경 취발이춤)
제5과장	팔목중(제1경 염불놀이, 제2경 침놀이, 제3경 애사당 법고놀이)	노장(제1경 파계승놀이, 제2경 신장수놀이, 제3경 취발이놀이)	사자춤
제6과장	노장(老長)(제1경 파계승놀이, 제2경 신장수놀이, 제3경 취발이놀이)	샌님(제1경 의막사령놀이(말뚝이놀이), 제2경 샌님과 미얄할미, 제3경 샌님과 포도부장)	양반춤
제7과장	샌님(제1경 의막사령, 제2경 포도부장놀이)	신할아비와 신할미	미얄춤
제8과장	신할아비와 미얄할미		

①양주별산대놀이 ②송파산대놀이 ③봉산탈춤에서 주목할 것은 고려 처용가에 나오는 '샬리 나 내 신고흘 미(니)야라/아니옷 미(니)시면 나리어다 머즌말'과 관련이 있는 신장수놀이다.[39]

---

39) '신장수놀이'는 ①양주별산대놀이[제6과장 노장(老長) 제2경] ②송파산대놀이[제5과장 노장(老長) 제2경] ③봉산탈춤[제4과장 노장춤 제2경]에 모두 나타난다.

각 가면극에 나타난 '신장수놀이'의 줄거리는 다음과 같다.

① 양주별산대놀이(제6과장 노장, 제2경 신장수놀이)

    신장수가 원숭이에게 보자기를 씌워 업고 등장하여 신을 파는데, 노장이 두 소무의 신발을 외상으로 산다. 신장수가 원숭이더러 신발 값을 받아오는 대신 소무 한 명을 빼오라 하니, 원숭이는 소무를 희롱한 뒤 그냥 온다. 신장수와 원숭이는 장난을 하며 퇴장한다.[40]

② 송파산대놀이(제5과장 노장, 제2경 신장수놀이)

    신장수가 원숭이를 신짐인 줄 알고 등에 지고 나온다. 노장에게 신[41]을 두 켤레 팔고는 원숭이더러 신 값을 받아오라고 하나, 원숭이는 소무와 희롱만 하다가 온다. 신장수는 화가 나서 원숭이를 때리며 원숭이와 함께 퇴장한다.

③ 봉산탈춤(제4과장 노장춤, 제2경 신장수춤)

    노장이 소무의 신을 외상으로 사자, 신발값을 받으려고 신장수가 원숭이를 보냈다가 장작전으로 오라는 노장의 편지에 장작찜을 당할까봐 급히 퇴장한다.[42]

---

40) 한국정신문화연구원(1991), 한국민족문화대백과사전 참조.
41) "자 신 사구려, 신이여!"라고 외치면서 팔려는 '신'의 종류는 다음과 같다. "네 날 딴 총에 짚신도 있고/육날 제총에 미투리도 있고/당사실로 수놓은 여혜도 있고/명지로 백비한 꽃신도 있소……"(sic)[심우성 편저(1977), 한국의 민속극, 창작과 비평사, 송파산대놀이 대사 구술·채록 허호영, p.205]. 네 날 딴 총에 짚신도 있고/ 육 날 제 총에 미투리도 있고/ 당사(唐絲)실로 수 놓은 여혜(女鞋)도 있고/ 명지[明紬]로 백비한 꽃신도 있소.(sic)(이두현, 한국가면극선, p.111).
42) 한국정신문화연구원(1991), 한국민족문화대백과사전 참조.

노장과 소무가 한창 맞춤을 추고 있을 때 신장수가 등장한다. 노장이 신장수를 불러 소무의 신을 사는데 신짐 속에서 원숭이가 튀어나와 신장수와 수작을 하다가 신값을 받아오라는 말에 노장에게 가서 소무 뒤에 붙어 외설스러운 짓을 한다. 원숭이가 신값 대신 "신값을 받으려면 장작전 뒷골목으로 오너라."는 편지를 갖다 보이자 장작찜을 당하겠다고 신장수는 도망간다.43)

이상으로 보면, 고려 처용가의 해당 부분은 다음과 같이 수정되어야 할 것이다.

'머자 외야자 綠李야/ 쌸리 나 내 신고홀 너야라/ 아니옷 너시면 나리어다 머즌 말'

위의 세 가면극의 '신장수놀이'의 줄거리는 여러 가지 점에서 고려 처용가의 줄거리와 유사하다. 따라서 '록리(綠李)'가 이들 가면극의 '노장(老長/ 老丈)'과 대응됨을 유추할 수 있다. 이 같은 필자의 주장은 다음과 같은 가면극의 역사를 고찰하면 더욱 가능성을 높일 수 있다. 한국 가면극의 역사를 알기 위해서는 기악(伎樂)의 역사를 관찰해야 한다고 본다.

(4) 기악(伎樂)의 역사에서 찾는 방법

기악의 정의를 알아보면 다음과 같다.

기악(伎樂, 또는 妓樂, 범어로 Vādya)은 오락인(娛樂人)들이 연주하는 음악. 몸놀림을 동반한 무곡(舞曲). 아악(雅樂)의 일종. 기(伎) 는

---

43) 한국사전연구사(1994), 한국민속대사전, p.680.

여악(女樂). 기(伎)는 교(巧)를 말함.44) 무악(舞樂)의 일종으로, 성악(聲樂)이 아닌 악기로 연주된 것으로 생각된다.45)

고대의 종교적 예능으로 부처를 공양하기 위한 가무. 일본에서는 고전악무의 하나인 기가쿠(伎樂)를 의미한다. 부처를 공양하기 위한 가무로서의 기악이라는 용어는 불교경전에도 자주 나오며, 고대 중국 문헌과 ≪고려사≫에 기록되어 있는 기악도 일반 명칭으로 쓰였다.······ 기악이란 용어는 백제인 미마지(味摩之)가 남중국 오나라에서 배워 일본에 전해준 가무기악을 고유명사화한 것이다. ≪일본서기(日本書紀)≫에 의하면 서기 612년에 미마지가 기악(伎樂)을 전하였다고 하며······기악의 내용은 13세기 중엽에 쓰여진 일본악서(日本樂書) ≪교훈초(敎訓抄)≫ 속에 그 연행(演行)의 대략이 전해지지만, ······ 가면묵극(假面默劇)이다. 불교 공양의 무악으로 일종의 불교 선교극이다. 이혜구(李惠求)는 <양주별산대 놀이>와 기악(伎樂)을 비교하여, 산대놀이와 기악(伎樂)이 같은 계통이라고 주장하였다. 그는 산대놀이의 8목중과 기악의 가루라, 완보(完甫)와 곤고, 관(冠) 쓴 중과 바라몬, 노장과 곤론, 취발이와 리키시, 신할아비와 다이코, 샌님과 스이코 등을 비교하였다.······기악의 발상지를 중앙아시아 등지로 보고 있으며, 독일학자 루카스는 서역으로 추정하고 있다.······백제에 들어와서도 사찰을 중심으로 하여 연희되었으며, 일본에 전해진 뒤에도 역시 사찰을 중심으로 공연되면서 신도들의 신심(信心)을 북돋우는 불교극으로 내려오다가 소멸된 것으로 보인다.46)

기악(伎樂)은 빈일위(濱一衛)가 「기악원류고(伎樂原流考)」(교토대학, 중국문학보, 제9책, 1958)에서 말한 것처럼 중국의 상운악(上雲樂)47)

---

44) 한국불교대사전편찬위원회(1982), 한국 불교대사전.
45) 앞의 책 백제기악(百濟伎樂), p.195.
46) 한국정신문화연구원(1991), 한국민족문화대백과사전 참조.
47) 중국 양대(梁代)에서 당대(唐代)에 걸쳐 행해졌던 탈희이다. 상운악의 연출 모습을 노래한 사람은 네 사람인데, 양(梁)의 무제(武帝, 502-549 재위), 주사(周捨, 469-524), 이백(李白, 702-762), 이하(李賀, 791-817)이다(앞의 책, 백제기악, p.206).

과 밀접한 관계가 있음은 사실이며, 여기에다 여러 가지 백제화(百濟化) 및 일본화된 당희(唐戱)가 가미되어 기악이 이루어졌으리라 여겨진다. 그리고 상운악과 신라기가 서량기를 사이에 두고 종적인 관계에 있는 만큼 신라기와 기악이 이상과 같은 부류에 속하는 가무희임은 당연하다 하겠다.……기악은 조선시대의 산대극과 밀접한 관련이 있다.48)

이상으로 보아 기악(伎樂)은 백제인 미마지(味摩之)에 의해 백제를 거쳐 일본에 전해진 상운악(上雲樂)이나 당희(唐戱)의 변용으로 보인다. 즉 불교 발상지인 인도에서 불교 의식용으로 기원된 것으로서, 불교의 동점(東漸)에 의해 중국의 산악백희(散樂百戱)·잡극(雜劇)→한국[삼국시대 향악잡영(鄕樂雜詠)에 보인 연희(演戱), 고려시대 연등회(燃燈會)·팔관회(八關會)·나례(儺禮)에서의 가무백희(歌舞百戱)·처용무, 조선시대 가면극]→일본의 기악(伎樂)으로 변용, 정착, 소멸된 것으로 보인다. 일본의 고악서(古樂書) 교훈초(敎訓抄)는 백제인(百濟人) 미마지(味摩之)가, 중국 남조(南朝) 오(吳)에서 기악무(伎樂舞)를 수입하여 백제를 거쳐 일본에 전하였다고 기술하고 있다.49)

백제의 사람 味摩之(미마지)도 귀화하였는데 이 사람은, 「吳(중국의 남부)에서 배워서 기악[구레가구](고대 西藏이나 인도의 假面劇)의 춤을 출 줄 안다」고 말하니, 櫻井(明日香村)에 살게 하고 소년을 모아서 伎樂[구레가구]의 춤을 가르치게 하였다. 이때 眞野首弟子[마노노오비도데시]·新漢濟文[이마기노아야히도사이몬]의 두 사람이 배워서 그 춤을 전수하였다. 이것이 지금의 大市首[오오치노오비도]·辟田首[사기다노오비도] 등의 祖先이다.

---

48) 백제기악보존회 편(2007), 백제기악(百濟伎樂), 동문선 문예신서 338, p.203.
49) 又百濟人味摩之歸化 曰 學于吳 得伎樂儛 則安置櫻庭 而集少年 令習伎樂儛 於是 眞野首弟子 新漢濟文 二人習之傳其儛 此今大市首 辟田首等祖也.[成殷九 譯註(1987), 日本書紀 권22. 推古期 20(서기 612), 정음사, pp.350~351. 井上光貞(1983), 日本書紀, 中央公論社, p.308].

이혜구는 교훈초(敎訓抄)에 보이는 기악(伎樂)의 배역과, 한국 산대극(山臺劇)의 배역을 비교하여 혹사(酷似)함을 발견하고 다음과 같이 표로 제시하고 있다. 그가 표로 제시한 중·한·일 가면극 배역 및 내용을 비교·대조하여 보이면 다음과 같다.50) 위 표의 설명51)에서 이혜구는 일본 기악의 배역과 우리 가면극 배역의 성격 및 내용상의 대응을 다음과 같이 보여 주고 있다(왼편은 일본 기악의 배역이고 오른편은 한국 가면극의 배역임).

기악(伎樂) (일본)	양주산대도감극(楊洲山臺都監劇) (한국)	봉산(鳳山)탈춤 (한국)
치도(治道)	고사(1) 상좌춤(2)	四상좌춤(1)
오공(吳公)	옴(3·4) 연닙과 눈꿈제기(5)	없음
사자무(獅子舞)	없음	사자춤(5)
가루라(迦樓羅)52)·금강(金剛)	팔먹중·침노리(완보)(6)	팔먹중춤(2)
바라문(婆羅門)	사당노리(冠 쓴 중)(7)	사당춤(3)
곤륜(崑崙)	노장(8)	노장춤(4)
역사(力士)	취발이(10)	취발이(4)
대고(大孤)	미얄할미(12)	미얄춤(7)
취호(醉胡)	양반(11)	양반춤(5)
무덕악(武德樂)	무당넉두리	다리굿

---

50) 이혜구(1957), 한국음악연구, 국민음악연구회, pp.226~227, 314. 종서로 된 표를 횡서로 바꾸었다. 괄호 안의 아라비아 숫자는 과장(科場) 순서를 표시한 것임. 이혜구가 자료로 인용한 산대놀이 대본은 조종순 구술본(1930)인데, 그 과장은 11과장으로 구성되어 있다. 이 과장의 변동 및 차이는 가면극 내용에 별다른 지장이 없다(백제기악, p.231, pp.217~218). 양주별산대놀이의 과장(科場) 구분은 연희자(演戱者)들에 의하면 그렇게 엄격하지 않다. …… 다만 채록자(採錄者)들에 의하여 제각기의 관점에서 정리하였음을 본다(이두현, 한국가면극선, p.6).
51) 이혜구(1957), 한국음악연구, 국민음악연구회, pp.227~236.
52) 원문의 '迦棲羅'는 '迦樓羅'의 오식으로 보아 바로잡음.

위의 표에서 일본의 기악(伎樂)과 우리의 양주산대도감극의 배역을 대조하여본다. 왼쪽은 일본의 것, 오른쪽은 우리의 것임

    오공(吳公) : 연잎. 가루라(迦樓羅) : 먹중. 금강(金剛) : 완보(完甫). 파라문(婆羅門) : 관(冠)쓴 중. 곤륜(崑崙) : 노장(老丈). 역사(力士) : 취발이. 오녀(五女) : 小무당(혹칭 唐女). 태고(太孤)53) : 두 아들. 취호(醉胡) : 샌님.

이상과 같이 대비하면서 이혜구는 '곤륜(崑崙) : 노장(老丈)과, 역사(力士) : 취발이'는 '승(僧)의 외도(外道)를 경계(警戒)하는' 것으로 본다. 따라서 백제 사람 미마지(味摩之)가 일본에 전했다는 '기악(伎樂)과 산대도감극(山臺都監劇)은 …… 형식과 내용이 같을 뿐 아니라, 기악(伎樂)의 태고(太孤)와 취호(醉胡)만 바꾸면 양자의 순서까지도 일치'한다고 한다. 또 우리의 가면극은 '원래는 외국에서 들어온 불교 관계의 교훈극(敎訓劇)'이라고 한다.54)

위와 같은 이혜구의 연구에 기초하여 한·중·일의 기악(伎樂)의 변천 내용을 비교하여 보면 다음과 같다.55)

---

53) 표에서는 '大孤'로 되어 있고, 표의 설명문에서는 '태고(太孤)'로 되어 있음. '교훈초(敎訓抄)'를 직접 볼 수 없는 필자로서는 어느 것이 옳은지 모르겠다. 그러나 표(p.227)와 제목(p.233)을 제외하고는 설명에서 모두 '태고(太孤)'라고 하였기에 이를 따른다.
54) 이혜구, 앞의 책, pp.234~235.
55) 이 표는 한·중·일 가면극의 유사 혹은 동일한 점들의 비교·대조를 위하여, 백제기악보존회 편(2007), 백제기악(百濟伎樂), 동문선 문예신서 338의 설명을 정리하여 본 것이다.

중국	한국	일본	공통점
산악(散樂)	양주 산대도감극의 고사와 상좌춤, 봉산탈춤	기악의 치도(治道)	구나(驅儺)
잡극(雜劇)	봉산탈춤의 사자무, 최치원의 향악잡영(鄉樂雜詠)		
금강역사[荊楚歲時記]	산대극의 완보, 취발이	기악의 금강(金剛)역사	구나(驅儺)
호공두(胡公頭)	산대극의 옴, 연잎, 눈끔적이	오공(吳公)	음의 와전
당대(唐代) 잡희(雜戲)의 바라문무(婆羅門舞), 송대(宋代)의 요화상(要和尙)의 중[僧]의 춤	산대극의 갓 쓴 중, 봉산탈춤의 사당춤	기악의 바라문	
바라문의 장속(裝束)	산대극의 노장이 육환장(六環杖)을 짚었고 흑탈[黑假面]을 썼음.		
서량기(西涼伎)의 호아(胡兒)의 호등무(胡騰舞)의 취태(醉態). 교방기(敎坊記)의 취호자(醉胡子)의 취공자(醉公子)	산대극의 양반	취호종(醉胡56)從)	
잡희(雜戲)의 원숭이, 원숭이탈	산대극의 원숭이		
한대(漢代) 장형(張衡)의 서량부(西涼賦)의 무격(巫覡)	산대극의 무당		
잡희 탈 또는 도면(塗面)의 색채와 같다.	산대극의 탈 색깔, 흑적분백(黑赤粉白)		
오방사자, 당대(唐代) 예악서(禮樂書)의 사자랑(獅子郞).	신라기(新羅伎)의 사자무	기악의 사자무에 사자와 두 호인형(胡人型)의 탈을 쓴 사자랑(獅子郞)	사자무(獅子舞)

		신라기(新羅伎)의 대면(大面)	기악의 탈이 모두 대면(大面)	
호등무(胡騰舞)		월전(月顚)	취호(醉胡)의 음주	
호등(胡騰)		월전(月顚)	취호왕 탈이 호인형(胡人型)에 호모(胡帽)를 씀.	
당대(唐代)남탁(南卓)의 갈고록(羯鼓錄)에 바라문이라는 악곡이 보임, 당대 남부연화기(南部煙花記)에 금강무(金剛舞)를 추었다는 기록이 보임.			기악에 사용된 8곡의 음악에 바라문과 금강이 있음.	
교방기(敎坊記)에 취호자, 취공자가 나옴			기악면(伎樂面)에 취호왕, 최호종이 있음.	
나리라(羅梨羅), 오량자(吳涼子)라는 곡명이 보임.			가루라, 오왕, 기악면의 명칭은 가루라, 오공.	
(당) 사자무		(신라) 사자무	사자무	
(중국 고대 나례)금강, 역사. 당대(唐代) 오방사자(五方獅子)의 무인(舞人)들이 곤륜상(崑崙像)을 함.			기악의 곤륜(崑崙)	
노호(老胡). 주사(周捨, 469-524)의 시에 곤륜, 금강, 사자, 노호(老胡)가 나온다.			기악에도 곤륜, 금강, 사자, 사자아(獅子兒)가 나온다.	
노호(老胡)는 '술 마시기를 잘 하였다'는 기록이 있다.		취(醉)발이	취호자(醉胡子), 취공자(醉公子)	

---

56) 취호(醉胡)란 글자 뜻 그대로 술 취한 호인(胡人) 즉 외래인(外來人)들을 말한

이상의 도표에서 다음의 사실들을 유추할 수 있다.

①어떤 과장은 한·중이, 어떤 과장은 한·일이, 어떤 과장은 중·일이 유사 혹은 동일함을 알 수 있다. 이로써 한국의 가면극(탈놀이)과 중국의 잡희·잡극, 일본의 기악(伎樂, 妓樂)이 동일 기원의 변용임을 짐작할 수 있다. 적어도 비교·대조의 가능성은 충분한 것으로 보인다.

②필자가 추구하려는 '록리(綠李)'가 인격체라면 중·일 가면극의 어떤 배역과 대응되는가를 밝힐 수 있을 것으로 보인다.

'호공두(胡公頭), 호등무(胡騰舞), 취호왕(醉胡王)/취호자/취호공/취호, 노호(老胡)'의 '호(胡)'가 중국에서 보았을 때 '외래인/외국인'임과 '바라문무(婆羅門舞)'의 '바라문(婆羅門)과 '서량기(西涼伎)'의 '서량(西涼)'[58]과, 우리 산대극의 노장의 흑탈[黑假面]로써, 인도 혹은 서역에서 온 검은 피부의 승려임을 유추할 수 있다. 중·일에 공통적으로 있는 '곤륜(崑崙)'은 이를 확인하여 준다.

> 곤륜자(崑崙子) : 곤륜노(崑崙奴)라고도 함. 곤륜국의 흑인(黑人). 진(晋)의 도안(道安)이 얼굴빛이 검으므로 사람들이 곤륜자, 또는 칠통인(漆通人)이라고 불렀음.[59]

다. 취호왕은 그들의 우두머리이고, 취호종은 그들의 종자들을 말한다(백제기악보존회 편(2007), 백제기악(百濟伎樂), 동문선 문예신서 338, p.229). 우리 가면극의 '취발이/취바리'도 역시 '취(醉) + 발이/바리(사람)'로 이루어진 말일 것이다. '-바리'란 '악바리'의 '-바리'처럼 인칭 접미사다.

57) 갈고(羯鼓)란 만족(蠻族)이 사용하던 북의 한 가지. 대(臺) 위에 놓고 북채로 양면을 침. 양장고(兩杖鼓).

58) 서량(西涼)(400~421) 오호십육국(五胡十六國)의 하나. 동진(東晋)의 안제(安帝) 때 한인(漢人) 이고(李暠)가 돈황(敦煌)[주천(酒泉)]에 도읍하여 감숙성(甘肅省) 서부에 세운 나라로, 이대(二代)로써 북량(北涼)에 멸망당함. 서량기(西涼伎)란 티베트 북쪽에 있던 이 서량 지방의 무악(舞樂)을 말한다. 중국의 수·당나라 때 제정된 무악인 구부기(九部伎)와 십부기(十部伎)에 속함. 국기(國伎).

59) 한국불교대사전편찬위원회(1982), 한국 불교대사전.

곤륜(崑崙) : ①신화에서 서왕모(西王母)가 살며 아름다운 옥이 산출
　　　　　되다고 하는 영산(靈山). 곤륜산(崑崙山). 곤릉(崑陵). 곤산(崑山).
　　　　　②서융(西戎)의 나라 이름. ③중국 남방의, 피부색이 검은 만족(蠻
　　　　　族). 인신하여 빛이 검은 사람의 별명. ④도가(道家)에서 뇌(腦)를
　　　　　이르는 말.

　여기서는 ②와 ③의 뜻이 해당될 것이다. 앞의 표에서 언급한 불교의
발생 전래지, 서량(西涼) 등을 고려하면 '②서융(西戎)의 나라 이름'으
로 풀어야 할 것이다. ③의 뜻은 ②의 의미가 전이된 것으로 보인다.
'곤륜산(崑崙山)'의 본뜻으로 보거나, '곤륜(崑崙)'이 ≪서경(書經)≫에
서 '청해(靑海)' 부근에 살던 민족의 이름'이라고 하였음을 보아서도 그
러하다. 중국의 경우 '곤륜'이 '서역에서 온 검은 피부의 승려'를 (나쁘
게) 말한 것임은 다음의 사실로써도 알 수 있다.

　①노장(老長/老丈)의 탈이 흑색(黑色)인 것.
　②우총(羽塚)씨가 구당서(舊唐書) 197권에서 인용한 바와 같이 곤륜
(崑崙)이 「임읍(林邑)60) 이남으로부터의 사람들은 모두 고수머리에 검
은 피부의 사람들이어서 통칭하여 '곤륜'이라고 한다(自林邑以南 皆卷
髮黑身 通號崑崙)」. 이혜구는 이 곤륜(崑崙)이 흑신(黑身)과도 상부(相
符)한다고 본다. 장사훈(張師勛)도 곤륜(崑崙)에 관한 구당서(舊唐書)
197권의 기록을 인용하면서 여러 가지 점에서 노장(老丈)과 곤륜(崑崙)
을 대비시킨다.61) 즉 노장의 송낙·가사(袈裟)·육환장(六環杖)·부

---

60) 임읍(林邑)은 남중국해(南中國海)에 있던 나라 이름. 지금의 월남(越南) 중남부
　　지역이다. 서기 192년(혹은 137년)에 건국하여 당(唐) 지덕(至德) 연간에는 환
　　왕(環王), 9세기 경에는 점성(占城)으로 일컬어졌다. 17세기 말 광남(廣南)의 완
　　씨(阮氏)에게 멸망되었다(단국대 동양학 연구소(2004), 한한대사전).
61) 이혜구 앞의 책, p.232. 장사훈(張師勛), 한국음악사(세광출판사). p.67. 그러나
　　임읍(林邑 : 지금 월남의 중남부 지역)만을 지칭했던 것은 아닐 것이다. 원래는

채·얼굴까지 보기 흉할 정도로 검시퍼런 점에서 곤륜(崑崙)이 흑신(黑身)이라는 점과 비견된다고 한다.

③봉산탈춤(제4과장)에서 목중들이 말하는, '노장'의 다음 모습에서도 '노장'이 흑색 피부를 가진 중이었음을 알 수 있다.62)

   둘째목중 노장님을 찾으랴고 동편을 갔더니 비가 오실려는지 날이 흐렸더라.
   셋째목중 내가 가서 자세히 보니 날이 흐린 것이 아니라 옹기장사가 옹기짐을 벗어 놓았더라.
   넷째목중 내가 가서 자세히 보고 온즉, 숯장사 숯짐을 벗어 놓았더라.
   다섯째목중 내가 자세히 보고 왔는데 날이 흐려서 대망(大蟒)이 나왔더라.
   여섯째목중 이자 가 자세히 보니 대망이 분명하더라.
   일곱째목중 내가 자세히 보고 온즉 대망이니 옹기짐이니 숯장사니 하더니, 그런 것이 아니라 우리가 모시고 나오던 노장님이 분명하더라.

④ 조선 전기 성현(成俔)의 용재총화(慵齋叢話 권1)에도 '판관오인녹의가면착화립(判官五人 綠衣假面着畵笠)'이란 말이 보인다.63)

 중국 서북 국경 지역의 사람[西戎], 서역인(西域人)을 지칭하는 말이었을 것이다.
62) 이두현 교주(1997), 한국가면극선, (교문사, pp.156~157). 김진옥·민천식 구술, 이두현 채록(1965.8) 봉산탈춤(제4과장). 다음의 채록본들도 유사한 내용임. 임석재 채록본이 더 구어적임.
 심우성 편저(1977), 한국의 민속극, (창작과비평사, pp.220~221). 김경석·나운선·이윤화·임덕준·한상건 구술, 임석재 채록(1957) 봉산탈춤(제4장).
 전경욱(1998), 한국가면극 그 역사와 원리, (열화당, pp.333~334).
63) 驅儺之事 觀象監主之 除夕前夜 入昌德昌慶闕庭 其爲制也 樂工一人爲唱師朱衣着假面 方相氏四人 黃金四目蒙熊皮執戈擊柝 指軍五人朱衣假面着畵笠 判官五人綠衣假面着畵笠 竈王神四人靑袍幞頭木笏着假面 小梅數人着女衫假面上衣下

구나(驅儺)의 일은 관상감(觀象監)이 주관하는 것인데, 섣달 그믐 전날 밤에 창덕궁과 창경궁의 뜰에서 한다. 그 규제(規制)는 붉은 옷에 가면을 쓴 악공(樂工) 한 사람은 창사(唱師)가 되고, 황금빛 네 눈의 곰껍질을 쓴 방상인(方相人) 네 사람은 창을 잡고 서로 친다. 지군(指軍) 5 명은 붉은 옷과 가면에 화립(畵笠)을 쓰며 판관(判官) 5 명은 푸른 옷과 가면에 화립을 쓴다(判官五人 綠衣64)假面着畵笠). 조왕신(竈王神) 4 명은 푸른 도포(靑袍)·복두(幞頭)·목홀(木笏)에 가면을 쓰고(竈王神四人 靑袍幞頭木笏着假面), 소매(小梅) 몇 사람은 여삼(女衫)을 입고 가면을 쓰고 저고리 치마를 모두 홍록(紅綠)으로 하고, 손에 긴 장대[竿幢]를 잡는다.

원문 '녹의(綠衣)'와 '청포(靑袍)'의 '녹(綠)'이나 '청(靑)'을 다 '푸른'으로 옮긴 것은 잘못으로 보인다.65) 전자 '녹(綠)'은 '록리(綠李)'가 '검

裳皆紅綠執長竿幢(成俔의 慵齋叢話 권1). [민족문화추진회(1971) 고전국역총서 49, 국역 대동야승 Ⅰ, 원문 p.565, 번역문 p.54].
64) 녹의(綠衣) : ①관복(官服). 발해에서는 관품에 따라 관복의 색을 달리 하였는데, 녹의는 8질 이상의 관원이 입었음. 여기에다가 목홀(木笏)을 들었음. ②당(唐) 때 6·7품관은 녹색 옷을, 명(明) 때 8·9품관은 녹포(綠袍)를 입었던 데서, 지위가 낮은 관원을 가리킴. ③녹의황상(綠衣黃裳)의 약칭. 색채 중에서 녹색은 간색(間色)이요, 황색은 토(土)의 정색이므로 황색 저고리에 녹색 치마를 입는 '황의녹상(黃衣綠裳)'이 원칙이니, 녹의황상은 그 순서가 바뀌었음을 말하는 것. 결국 첩이 정실의 자리를 앗아가는 것을 의미함. ④녹의사자(綠衣使者)의 약어. 앵무새의 별명. 여기 '綠'은 '검은 색'은 아닌 듯하다.
65) '녹의(綠衣)'의 '록(綠)'을 한자 자전에서 그 색깔 및 이와 관련된 사물을 뜻하는 것만 발췌하면 다음과 같다. ①푸를(靑黃色) ③푸른 잎(綠葉) ④검을(烏黑色)이다. '청포(靑袍)'의 '청(靑)'의 뜻도 동일한 방법으로 뽑아보면 다음과 같다. ①푸를(綠也) ②청색(靑色)[荀子·勸學] 靑取之於藍而靑於藍. ④검푸른빛(黑色) ⑤봄(春之代稱). (청이 봄의 빛깔이기에 이르는 말.) ⑥대나무의 껍질(竹皮) ⑦청색물(靑色物). /푸른 옥. 또는 옥을 꿰는 푸른 실./ 청작(靑雀). 밀화부리./약에 쓰는 청색의 광토(礦土)./청목(靑木). 검푸른 물을 들인 무명. ⑧초목이 무성할(茂盛)(교학 대한한사전). 이상의 뜻풀이에서 '록(綠)'의 ①, ③과 '청(靑)'의 ①, ②, ⑤, ⑥, ⑦, ⑧은 유사 혹은 동일한 색깔인 듯하다. 또 '록(綠)'의 ④와 '청(靑)'의 ④는 같은 색인 듯하다. 그러면 ①'록(綠)'과 ②'청(靑)'이 같은 색

은 옥관(獄官)/ 판관(判官)'인 것으로 보아, '녹의가면(綠衣假面)'은 '검은 옷 가면'이어야 옳을 것이다.66)

그러면 중국의 경우 '곤륜'이 '서역에서 온 검은 피부의 승려'를 (나쁘게) 말한 것임과, 고려 처용가의 '록리(綠李)'가, '(서역에서 온) 검은 피부의 승려'를 나쁘게 말한, '검은 옥관(獄官)/ 검은 사자(使者)'임은 부절(符節)을 맞춘 듯하다. 이는 삼국유사에 나온 '아도(阿道)'··'아도(我道)'··'아두(阿頭)'화상(和尙)을 '묵호자(墨胡子)'라고 한 것67)과 똑같다.

이상으로 다음과 같은 등식이 성립함을 알 수 있다.

ⓐ 록리(綠李)=검은 옥관(獄官)/검은 판관(判官)/검은 사자(使者).
ⓑ 노장(老丈)=옹기집·숯장사·대망처럼 검은 모습·얼굴.
ⓒ 곤륜(崑崙)∽흑신(黑身).

이상에서 ⓐ(조선)∽ⓑ(조선)와 ⓑ(조선)∽ⓒ(일본)를 얻을 수 있다. 따라서 ⓐ∽ⓑ∽ⓒ 곧 '록리(綠李)∽노장(老丈)∽곤륜(崑崙)'임을 알게 되었다. '록리(綠李)'를 '검은 피부의 승려'를 나쁘게 말한, '검은 옥관[獄官]/ 검은 사자[使者]'임을 밝히고 나서, 이제 필자는 고려 처용가에

이란 말인가? '(푸른) 들판/벌판의 녹색 빛깔'과 '(푸른) 하늘의 청색 빛깔'이 같단 말인가? 한글학회 ≪우리말큰사전≫에서 이들 말뜻을 찾아본다. 녹색(綠色) : 초록빛. 청색(靑色) : 푸른빛. 풀빛 : 풀의 빛깔. 초색(草色). 풀색. ②=초록빛(草綠-)=녹색(綠色). 푸른빛 : 푸른 빛깔. 청(靑). 청색(靑色). 취광(翠光). 총취(蔥翠). 따라서 이들 각각의 주의(主意)는 ①은 '풀빛[草色]' ②는 '(한국의 맑은 가을날) 하늘빛'이어야 할 것이다. 이렇게 해야 구체적으로 그 의미를 바로 이해할 수 있을 것이다(2003.11.06. 오마이뉴스 참조).

66) '록리(綠李)'··'녹의(綠衣)'··'청포(靑袍)'의 '록(綠)'이나 '청(靑)'의 색깔은 실은 텔레비전의 '전설의 고향'이나 사극(史劇)에 나오는 저승사자의 음산한 검푸른 색깔과 같은 빛깔일 것이다.
67) 유사 권3 아도기라(阿道基羅).

관한 문제로 복귀하려 한다.

첫째는 고려 처용가에서 '록리(綠李)'에게 '내 신고홀 미야라.'라고 명령한다. 봉산탈춤에서 노장에게 신 값을 내라고 요구한다.

둘째는 위와 반대로 백제인 미마지가 중국 남조 오(吳)로부터 백제에 전한 기악이 면면히 전해온 것이 가면극(양주별산대놀이, 송파산대놀이, 봉산탈춤)일 것이다. 이를 가면극의 '내 신 값을 내어라'가 악학궤범에 채록될 때 '내 신고홀 미야라/ (신고홀) 아니옷 미시면', '머즌말'을 '나리어다'라고 채록된 것은 아닐까? '내 신고홀 미야라.'라고 협박하는 것이나, '내 신 값을 내어라.'라고 협박하는 것이 너무도 흡사하다. 이 같은 가정은 다음과 같은 유사점 때문이다.

신고홀 미야라/ 아니옷 미시면 나리어다 머즌 말 : 신[鞋] 고[賈 : 값] 홀 니야라 (신 값을 아니 내기만 하면 장작찜을 하겠다.)

'고(賈)'의 뜻을 찾아본다.

賈
A : 고㊀①장사할 고(市也). 또는 장사. ②장수 고(商人). 상인. ③사들일 고(買也). ④팔 고(賣也). ㉠가게를 차려 놓고 앉아서 팔다. ㉡물건을 팔다. ⑤구할 고(求取). 찾아 얻다. ⑥불러들일 고(招引) ⑦벼슬이름 고(官名). 주(周) 때 매매에 관한 일을 맡았던 관리.
가㊁값 가(價格). 가격. 가치. 價의 古字
가㊂①거짓 가(僞也). 假와 통용. ②회초리 가(檟也). 檟와 통용. ③나라이름 가(國名). ④새이름 가(鳥名). 새매의 일종. ⑤경계 가(界也). ⑥성 가(姓).
B : 고㊀❶매매하다. 장사하다.❷점포를 차려 놓고 장사하는 상인. 또는 상인의 범칭.❸점포를 차려놓고 팔다. 또는 상품을 팔다. 장사

하다. ㉣사다. ㉤구하다. 꾀하다. ㉥부르다. 이야기하다. 초래하다. ㉦모이다. 모으다. ㉧벼슬 이름.
가㊂값. 價의 고자.
가㊂㉠거짓. 假와 통용. ㉡경계. 界와 통용. ㉢회초리. 檟와 통용. ㉣새 이름. 매의 일종. 일설에는 까마귀라고 한다. ㉤주대(周代)의 나라 이름. ㉥성(姓).

 '신고홀 미(너)야라'의 '신고홀'의 뜻은 '신[鞋] 고(賈)홀' 곧 '신값을' 이라고 필자는 본다. 그러나 문제는 '賈'의 음[고]에는 A, B 둘다 '값' (價)의 뜻이 없다는 사실이다. '賈'가 '價'68)의 고자(古字)로도 쓰이면서 음은[고]를 취하고, 훈(訓)은 '값'을 취한 것은 아닐까?69) 또 '미야라'는 '너야라'의 잘못된 채록은 아닐까?
 '신고홀'에는 해결해야 할 세 가지 문제가 있다.
 첫째는 '신고'를 '신[鞋]+고[賈]'로 볼 때 고유어 '신' 다음에 한자어 '고(賈)'가 연결될 수 있는가 하는 점이다. 이것은 '다섯 + 시(時)'처럼 아주 자연스러운 연결이었을 것으로 보인다.
 둘째는 '고'(賈)는 대개 '장사'를 뜻하고, '가(價)'는 '값'을 뜻한다. '신고홀'을 필자의 주장대로 '신[鞋]값[價]을'로 본다면, '신고홀'은 '신가(價)홀'이 되어야 딱 들어맞는다. 그러나 '價는 '賈'와 통한다(賈通)(全韻玉篇 上 6b. 字典釋要 上 7b. 新字典 1:10b). '賈'는 '價'와 같다'(價同)(新字典4:10a)는 자전의 설명은 이 문제를 쉽게 해결해 준다.
 셋째는 '신고홀'에 들어 있는 'ㅎ'의 성격이다. '신고홀'을 '신[鞋]값

---

68) '價'의 음에는 [고]는 없다. [가]밖에 없다. 《廣韻》古訝切(거성) jià. 《集韻》口下切(상성) qiǎ. 《廣韻》古訝切(거성) jie. 여기 '신고ㅎ'의 '고'의 뜻은 '값'임이 확실하다. 당시 언중의 오류일 수도 있다.
69) 이와 비슷한 현상은 '청계천 복개공사'에서도 나타난다. '覆蓋工事'의 '覆蓋'는 뚜껑을 덮는다는 뜻으로는 '부개'로 읽어야 한다. 그러나 언중은 대부분 '복개공사'로 읽고 있다.

(價)'을 뜻하는 것으로 본다면, '신고홀'은 '신[鞋]+고[賈]+ㅎ+올'로 형태소 분석이 가능할 것이다. 이때 'ㅎ'는 무엇일까? '고[賈]'를 한자어로 볼 때 '고[賈]'에 붙은 'ㅎ'를 체언 '고[賈]'의 일부라고 볼 수는 없다. 이 'ㅎ'는 남광우가 말한 'ㅎ'곡용의 일례로 보인다.

남광우는 한자어 '고(庫), 노(艫), 뎌(笛), 마(雨 밑에 麻 쓴 자), 보(褓), 샹(常), 수(藪), 쇼·요(褥), 초(醋)'를 보이고 이에 붙은 'ㅎ'의 예를 다음과 같이 제시하고 있다.[70]

> 고히(庫)(無冤錄1:56), 노히라(艫)(杜解10:45), 뎌히(笛)(杜解2:36)·뎌헤(初杜解16:49), 뎌흘(杜解)(15:52), 마히(雨 밑에 麻 쓴 자)[71](海謠 비 오는), 보히(褓)(無冤錄3:53)·보호로(家禮解3:6, 煮硝方12)·보흘(杜解中66), 샹해(常)(翻小學10:9, 正俗22), 수히(藪)(月釋8:99)·수혜(杜解1:14)·수흘(杜解10:2), 쇼홀(褥)(三綱·孝子·子路負米, 法華2:243), 요히(內訓2:89, 小兒論9), 요홀(內訓2:89)·요헤(小解5:58), 초히라(醋)(無冤錄1:19), 초히(無冤錄1:20).

양주별산대놀이·송파산대놀이·봉산탈춤에서 신 장수가 '신 값을 내놓아라.'라고 하면서, 신 값을 받으러/받으려고 갔다가, 노장에게 '장작찜'을 당할 것이라고 협박당하여 도망친다. 이의 합리적인 설명과 맥락의 연결을 위해서는 이 같은 의심이 가지 않을 수 없다. 그리하여 필자는 고려 처용가에서 '綠李'에게 '내 신고홀 미야라.'라고 명령하는 것

---

70) 남광우(1979), 국어학논문집, 일조각. p.215. '漢字語의 ㅎ曲用'. 여기서 필자는 'ㅎ종성 체언(ㅎ말음 체언)'과 'ㅎ곡용'의 시비 논의를 피하려고 한다. 다만 한자어다음에도 'ㅎ'가 첨착(添着)될 수 있음과 이때 개입된 'ㅎ'는 한자어의 말음이 아님은 명백하다는 것을 보이려 함에 그치고자 한다.
71) '마'(雨 밑에 麻 쓴 자)는 '장마'를 뜻하는 고유어일 수 있다. 남광우 고어사전(교학사, 1997)도 다음과 같이 설명하고 있다. '마 : 장마. ¶마히 미양이랴 잠기 연장 다스려라(古時調. 尹善道. 비 오는디. 孤遺).

과, 봉산탈춤에서 '신 값을 내놓아라.'라고 요구하는 것과의 유사성에 대하여 다음과 같은 의문을 가지고 있다.

첫째는 처용가의 '내 신고홀 너야라.'라고 요구하는 것이, 봉산탈춤에서 '내 신 값을 너야라.'라고 변용된 것인가? 혹은 그 반대일까? 이에 대하여 필자는 봉산탈춤에서 '내 신 값을 너야라.'라고 한 것이 원형을 유지하고 있는 것이라고 본다.72)

둘째는 처용가의 '내 신고홀 미야라.'라는 말이, 혹시 고려시대에는 '내 신 값을 너야라.'라는 뜻의 말이었을까? 필자는 그러하지 아니하였을 것이라고 생각한다. 오히려 고려 처용가의 '내 신고홀 미야라.'는 '내 신고홀 너야라.'의 오각이거나 잘못된 채록으로 보인다.73) '내 신고홀 너야라.'의 뜻은, '내 신 값을 너야라.'와 같은 것으로 보인다. 실제로 양주별산대놀이·송파산대놀이·봉산탈춤에서는 신 장수가 노장에게 '신 값을 내놓'으라고 한다. 그런데 파계승이자 소무와 부적절한 사랑을 하고 있으면서, 소무에게 줄 신발을 산 노장은 '신고홀 너(신 값을 내)'놓기는커녕 신 장수에게 '장작찜'을 하려고 한다. 이 같은 '노장'[록리:綠李]'야말로 '악하고(머자)', '못되고(외야자)' (한) '록리(綠李)'임이 틀림없다.

---

72) 양주동은 '미야라'를 '미[繫·結]'의 명령형(命令形)으로 보고, '미시면'은 역신(疫神)의 공겁(恐怯)하는 사(辭)로 보았다. 그리하여 '신(싣)고홀 미야라'의 뜻은 '보행(步行)의 경첩(經捷)을 도모'하기 위한 것으로 보았다. 그러나 '보행의 경첩'의 목적이 무엇인지는 불분명하다. 즉 앞뒤의 맥락이 맞지 않는다.
73) 필자는 고려가요 이상곡(履霜曲)의 소위 후렴구 '다롱 디우셔 마득사리 마득너즈세 너우지'의 '너우지'가 범어 해당 어휘의 모음과의 거리로 보아 '너우자'의 탈각임을 밝힌 바 있다. 강헌규, 고려가요「이상곡」(履霜曲) 신고(新考), 성균관대학교 인문과학연구소, 인문과학 제 36집. p.35 참조.

3. 끝막는 말

　필자는 본고에서 고려 처용가에 나오는 '머자 외야자 綠李야'의 의미와, 이에 관련된 몇 문제들에 대하여 그동안 가져왔던 의문들을 풀어 보았다. 신라 및 고려 처용가가 가면극(양주별산대놀이, 송파산대놀이, 봉산탈춤)과 깊은 관련이 있다는 것은 학계의 상식이다. 고려 처용가를 주석하면서 가면극(탈춤, 탈놀이)의 연구 결과를 원용하지 않은 것에 대하여 놀라지 않을 수 없었다. 백제인 미마지(味摩之)는 중국 남조의 오(吳)에서 기악(伎樂)을 배워, 백제에 들여오고 또 일본에 전하였다고 한다. 그 기록이 일본의 고악서(古樂書)에 전한다고 한다. 신라 최치원의 향악잡영(鄕樂雜詠), 고려 처용가는 우리의 가면극과 신라 및 고려 처용가와의 깊은 관련성을 암시하고 있다. 고려 처용가를 올바로 이해하기 위해서는, 중국의 산악백희(散樂百戲), 한국의 가면극, 일본의 기악(伎樂)에 관한 연구가 필수적이라고 생각된다. 이들을 고찰한 결과 다음과 같은 결론을 내리게 되었다.

　1) '머자' : '멎자'가 그 옳은 표기로 보이며, 기본형은 '멎다'이다. '머자'는 '악하다(나쁘다, 모질다, 언짢다, 궂다)'를 뜻하는 '멎다'의 중첩 나열형(羅列形)이다.

　2) '외야자' : 기본형은 '외다'이다. '외다'는 '오이다'의 준말로, 뜻은 '그르다, 그릇되다, 잘못되다'이다. '외야자'는 '외다'의 중첩 나열형(羅列形)이다.

　3) '-자' : 중첩 나열을 뜻하는 어미다. 현대어 '-자 마자'의 옛 형태로 보인다. 이는 중세어에서 명사의 열거를 뜻하는 첨사 '-여 / -야 / -이여'와 같은 종류의 것으로 보인다.

　4) '록리(綠李)' : 봉산탈춤에 나오는 '노장'에 대응되는 인격체(원형

인 록리:綠李는 신격체)로 보인다. 결코 '푸른 오얏'일 수는 없다. 우리 가면극의 이 '노장'은 일본 기악(伎樂)의 '곤륜(崑崙)'에 해당되는 것으로 보인다.

5) 가면극의 연구 결과를 여기에 원용, 해석하면 다음과 같다. 즉 '머자 외야자 록리'란 '악하자 그릇되자 (한) 검은 판관아'/ '모질자 못되자 (한) 검은 옥관(獄官)아'/ '모질자 그릇되자 (한) 검은 사자(使者)야'란 뜻이다. 이 '판관/옥관/사자(使者)'는 오늘날 전승되는 가면극의 '노장(老長)'으로 변용되었다. 즉 양주별산대놀이의 제6과장 '노장(老長)', 송파산대놀이의 제5과장 '노장', 봉산탈춤의 제4과장 노장춤의 '노장'이 바로 '록리'라고 본다.

이 '록리'(綠李) 즉 '검은 판관(判官)/검은 옥관(獄官)/검은 사자(使者)'를 그렇게 '악하자 그릇되자 (한)/ 모질자 못되자 (한) 존재라고 하는 이유는 다음과 같다. 그것은 전승된 우리 가면극에 보인다.

① 양주별산대놀이(제6과장 제2경 신장수놀이) : 노장이 보자기 씌운 원숭이를 등에 업고 신장수로부터 두 소무의 신발 두 켤레를 외상으로 샀다. 신장수는 원숭이더러 신 값을 받아오라고 시킨다.

② 송파산대놀이(제5과장 노장, 제2경 신장수놀이) : 원숭이를 등에 지고 나온 신장수로부터 노장이 신 두 켤레를 산다. 신장수는 원숭이더러 노장에게 가서 신 값을 받아오라고 시킨다.

③ 봉산탈춤(제4과장 노장춤 제2경 신장수춤) : 노장이 신장수로부터 소무의 신발을 산다. 신장수는 원숭이더러 노장에게 가서 신 값을 받아오라고 시킨다. 원숭이는 신 값 대신 편지를 갖다 신장수에게 보인다. 편지에는 "신 값을 받으려면 장작전 뒷골목으로 오너라."라고 씌어 있었다. 신장수는 신 값 대신 장작찜만 당하겠다고 도망간다.

'록리(綠李)' 즉 '검은 판관(옥관/사자)'은 숭고·염결·신성한 존재다. 노장도 동일한 신분이다. 그가 두 소무를 좋아하여 그녀들의 신발 두 켤레를 산다. 그것도 외상으로 산다. 그 외상값도 주지 않고 장작 찜을 하려고 한다. 여기에 '머자 외야자'한 '록리(綠李)'의 성격이 들어 있다. '내 신고홀 미야라'가 아니라 '내 신고홀 너야라'는 말은 신장수의 말이다. '머자 외야자(한)', '록리(綠李)' 곧 노장에게 하는 신장수의 말이다. 이로 보면 '내 신고홀 미야라'는 '내 신고홀 너야라.'의 오각임을 충분히 알 수 있을 것이다.

  6) '신고(賈)홀'에 개입된 'ㅎ'는 모음 말음 뒤에 개입된 것으로 많은 용례가 있다. 적어도 한자어 뒤에 첨가된 'ㅎ'는 종성 체언/ 말음 명사가 아니라 음운론적 현상(남광우, 1979:220)으로 보인다.

  7) '머자'를 '멎', '버찌' 혹은 '사과나 능금'의 호격으로, '외야자'를 '외얏'(李)의 호격으로, '綠李야'를 '푸른 오얏'의 호격으로 풀고, 그 출전을 밝히고서 연구를 다했다고 할 수 있을까? 이상과 같은 주석들과 뒤에 오는 '내 신고홀 미야라'('내 신고홀 너야라'가 옳음)와는 어떻게 맥락을 댈 것인가? '머자'('버찌' 혹은 '능금') 그리고 '외야자'('외얏': 李) 그리고 '록리'('푸른 오얏':綠李)를 불러 내 신코를 매라는 뜻이라고 해석하고 만족할 수 있을까? 국어학자의 정밀한 주석과 문학연구자들의 예술로서의 감상이 서로 보완해야 할 이유가 여기에 있다. 이런 의미에서 '綠李야'의 해석 '푸른 오얏아'가 맥락상 이상함을 인식하여 '綠李'를 '鹿梨'(홍비 혹은 돌비)의 전와(轉訛)로까지 상정하는(김완진, 2000: 325) 노력까지 있는 것이 현실이다. 물론 필자는 이에 대하여 달리 생각하고 있음은 이미 밝힌 바이다.

  신라 처용가가 무가(巫歌)임은 이제 의심의 여지가 없다. 이를 이은 고려 처용가도 무가임은 확실하다. 그러면 고려 처용가의 '머자 외야자 綠李야'를 과실로 보려는 의도는 보류되어야 할 것이다. 신라 처용가의 뒤를 고려 처용가가 잇고 있다. 고려 처용가의 잔영을 위에 제시한 가면극이 전승하고 있다. 이 가면극의 내용으로 보아 고려 처용가의 해당 부분은 다음과 같이 그 와오를 바로잡아야 할 것이다.

내 신고홀 미야라 아니옷 미시면 나리어다 머즌말 → 내 신고홀 니야라 아니옷 니시면 나리어다 머즌말.

<참고 문헌>

한국학문헌연구소 선편(選編), 악장가사(樂章歌詞).
성현(成俔) 등찬(等撰), 영인(景印) 악학궤범(樂學軌範), 연세대학교 출판부.

(논문 및 단행본)
강헌규(2006), 고려가요 <滿殿春 別詞>의 '滿殿春'의 의미에 대하여. 최남희 교수 정년퇴임기념논총 국어사와 한자음, 도서출판 박이정.
공주시, 백제문화제선양위원회, 제49회 백제문화제 학술 심포지움(2003), 백제 기악의 복원.
곽충구(2008), 국어사전의 편찬과 방언, 방언학 7, 한국방언학회.
교학사(1998), 교학 대한한사전.
김무헌(1997), 향가여요교육론, 집문당.
김완진(1998), 고려가요 식물명의 두세 문제, 문헌과 해석 3.
_____(2000), 향가와 고려가요, 서울대학교 출판부.
_____(2002), 사과와 능금, 그리고 '멎', 국어학 40.
김형규(1968,1971), 고가요주석, 일조각.
남광우(1997), 교학 고어사전.
단국대 동양학 연구소(2004), 한한대사전.
민족문화추진회(1971), 고전국역총서 49 국역 대동야승 Ⅰ.

박병채(1973), 고려가요의 어석연구, 선명문화사.
_____(1994), 새로 고친 고려가요의 어석 연구. 국학자료원.
백제기악보존회(2007), 백제기악, 동문선.
부여군주최 제50회백제문화제 학술세미나(2004), 백제기악복원을 위한 방안모색.
성은구 역주(1987), 일본서기, 정음사.
성현(成俔), 용재총화(慵齋叢話) 권1.
세종대왕기념사업회(2001), 한국고전용어사전.
심우성 편저(1977), 한국의 민속극, 창작과 비평사.
심재완(1972), 교본 역대시조전서, 세종문화사.
양주동(1947,1955,1963), 여요전주, 을유문화사.
운허·용하(1985), 불교사전, 동국역경원.
유창돈(1979), 이조어사전, 연세대출판부.
윤경수(1993), 향가여요의 현대성연구, 집문당.
이기문(2007), 신정판 국어사개설, 태학사.
이두현(1997), 한국 가면극선, 교문사.
이숭녕(1982), 중세국어문법, 을유문화사.
이혜구(1957), 한국음악연구, 국민음악연구회.
이희승(1996), 국어대사전.
장사훈(1976), 한국음악사, 세광출판사.
전경욱(1971), 한국가면극 그 역사와 원리, 열화당.
조동일(1988), 탈춤의 역사와 원리, 기린원.
지헌영(1947), 향가여요신석, 정음사.
최명옥·곽충구·배주채·전학석(2002), 함북 북부지역어 연구, 태학사.
최철(1996), 고려 국어가요의 해석, 연세대출판부.
한국불교대사전편찬위원회(1982), 한국 불교대사전.
한국사전연구사(1994), 한국민속대사전.
한국정신문화원(1991), 한국민족문화대백과사전.

한글학회(1992), 우리말큰사전, 어문각.
허웅(1981), 옛말본, 과학사.
홍기문(1959), 고가요집, 국립문학예술서적출판사.
井上光貞(1983), 日本書紀, 中央公論社.

찾아보기

ㄱ

가다니 113
가단이 114
가면극(탈놀이) 145, 176, 181, 185
가시리 140
감주[醴酒] 93
감쥬[甘酒] 105
거여목 138
견곤(見昆) 38
견니(見尼) 38
견랑(수)(見郞(樹)) 34, 35
고가요 13
고대국어 17, 25
고려「처용가」 11, 13, 14, 18, 30
고려가요 12, 13
고려국어가요의 해석 96
고려어 25
고사기(古事記) 123
곤륜(崑崙) 146, 147, 173, 176, 177, 180, 186
곤륜국 176

곤륜노(崑崙奴) 176
곤륜자(崑崙子) 176
관습도감(慣習都鑑) 107
교훈초(敎訓抄) 170, 171, 172
구나(驅儺) 164, 179
구지가 121, 122
국어사 개설 15
권주곡(勸酒曲) 108
규합총서(閨閤叢書) 103
기악(伎樂, 妓樂) 145, 146, 169, 171, 172, 173, 176, 185
기악무(伎樂舞) 171
김경수 29

ㄴ

낙양춘(洛陽春) 107, 108, 161
날 125, 140
눌ㅎ 125
너우자(nâsáya) 84, 86
너우지 72
노방수(路傍樹) 34

노산춘(魯山春) 161
노장(老丈) 146, 147, 165, 173, 176,
    178, 180, 184, 186
녹리(綠李) 149, 150

다롱 70
다롱디우셔 64
단술 105
당희(唐戱) 171
도수량(道修良) 20
동국세시기(東國歲時記) 103
동국정운 15
동궁시독(東宮侍讀) 138
동기(童妓) 153
동자(童子) 121
뒷풀이 95
디우셔 71

록리(綠李) 146, 147, 154, 161, 162,
    176, 180, 181, 185

ㅁ

마득너즈세 72
마득사리 72, 86
만당홍(滿堂紅) 97

만전춘(滿殿春) 93, 107, 108, 109,
    161
만전춘 별사 94, 95, 109
만전향(滿殿香) 99, 109
만전향주(滿殿香酒) 94, 109
말음첨기 20, 57
미와 135, 138, 141
머자 146, 149, 185, 187
머즌말 154
멎 150
명사 형성 접미사 57
목숙(苜蓿) 138
몽어유해(蒙語類解) 33, 116
무가(巫歌) 187
무간(無間) 83
무릉춘(武陵春) 161
묵호자(墨胡子) 180
문장부사 55
미마지(味摩之) 145, 170, 171, 173,
    181, 185
믿드리 51
믿들이 51

바기[童子] 121, 123
바ᄅ연 136
반어(反語) 140
백아(伯牙) 135, 141
백쥬(白酒) 93

백처용(白處容) 164
벽력(霹靂) 78
변산반도 136
복주복야(卜晝卜夜) 132, 141
본의(本矣) 51
봉산탈춤 145, 146, 166, 168, 172, 178, 186
부사격 조사 17, 18
부사형성 접미사 55
부추 136
북전(北殿) 95
분노명왕 75
뻘낫 140

사라수(裟羅樹) 35
사리 69
사모곡 121, 127
사여수(似如樹) 34, 35
사을목화(沙乙木花) 19
사자(使者) 186
산대도감극(山臺都監劇) 173
산림경제(山林經濟) 102
산악백희(散樂百戱) 146, 171, 185
삼국사기 26, 30
상운악(上雲樂) 171
서낙하다 130
서량기(西涼伎) 176
서린 63, 68

석동춘(石凍春) 98, 109, 161
석석 69
석석사리 64
선ㅎ면 128, 140
설령(薛令) 138
소주(燒酒) 108
소춘(燒春) 98, 109
솔 136
송파산대놀이 145, 146, 166, 168, 186
수기(首其) 121
수로왕(首露王) 124
신고(賈)홀 187
신라「처용가」 11, 12, 13, 14, 18, 30
신라 향가 24
신숙주 137
신장수 186
신장수놀이 186

아바님 140
아비지(阿鼻旨) 83
아유타국(阿踰陁國) 124
악장가사(樂章歌詞) 14, 148
악학궤범(樂學軌範) 14, 148
안자춘추(晏子春秋) 132, 141
야입이(夜入伊) 18
야합화(夜合花) 19

약산춘(藥山春) 98, 108, 109, 161
약양주(藥釀酒) 108
약음차(略音借) 58
약주(藥酒) 94, 108
양주방(釀酒方) 103
양주별산대놀이 145, 146, 166, 168, 170, 186
양주산대도감극(楊洲山臺都監劇) 172
어마님 140
억새 151
에정지 134
여가연구(麗歌研究) 95
연장 126
열명 74
예주(醴酒) 105
오주연문장전산고(五洲衍文長箋散稿) 103
옥관(獄官) 164, 186
옹곳(목숙:苜蓿) 135, 137, 138
왜가리 151
외야자 146, 149, 185
외얏 150
용재총화(慵齋叢話) 178
움단 105
원숭이 186
위도(蝟島) 136
유위법(有爲法) 81
율수(栗樹) 35
으악새 151

음료(飮料) 93
음식디미방 102
이규보 114
이상곡 63
이제현(李齊賢) 164
이혜구(李惠求) 170
이화춘(梨花春) 98, 109, 161
인여수(印如樹) 34, 35
일본서기(日本書紀) 123, 170
임원십륙지(林園十六志) 102

작목사(斫木使) 136
잡극 176
잡희 176
전기 중세국어 25
절단구(切斷具) 126
접속조사 160
정구지 136
정읍사 23
정재(呈才) 107
조롱곳 135, 141
졸(부추) 135, 137
종기(鍾期) 134
종자기(鍾子期) 134, 135, 141
중세국어 16, 17, 24, 58
중첩 나열형 158
증정 고가연구 39
지봉유설(芝峰類說) 102

지정문자(指定文字) 49
집시(集詩) 137
짝사랑 151

창산(靑山)연 136
채홍철(蔡洪哲) 88, 89
처용놀이[處容戱] 164
천마산 136
청산별곡 113, 114
청주(淸酒) 108
청처용(靑處容) 164
최치원 145
축자역(逐字譯) 161
축자 해독 14
춘추좌씨전 132

ㅋ

칼그렌 45

ㅌ

탁주(濁酒) 108
토굴춘(土窟春) 98, 109, 161

ㅍ

펄낫 140

표기의 경향성 59

한산춘(韓山春) 98, 109, 161
한자 고음사전 45
한한청문감 116
함타(陷墮) 82
행배(行杯/行盃) 108
행주(行酒) 107
향가 12
향가 급 이두의 연구 39
향가비해 15
향가해석 39
향악잡영(鄕樂雜詠) 145, 171, 185
향찰 16
향찰식 표기 121
허튀 29, 38
허황옥(許黃玉) 124
헌강왕 13
호격 조사 17, 18
호미 121, 125, 127, 140
홍처용(紅處容) 164
황처용(黃處容) 164
후전(後殿) 95
후정(後庭) 95
후정화(後庭花) 95
흑처용(黑處容) 164
흑탈[黑假面] 176